近距离观察

任立平 著

图书在版编目(CIP)数据

近距离观察 / 任立平著. —杭州 ：浙江工商大学出版社，2017.1

ISBN 978-7-5178-1960-8

Ⅰ. ①近… Ⅱ. ①任… Ⅲ. ①社会科学－文集 Ⅳ. ①C53

中国版本图书馆 CIP 数据核字(2016)第 297493 号

近距离观察

任立平 著

责任编辑	张婷婷
封面设计	叶泽雯
责任校对	何小玲
责任印制	包建辉
出版发行	浙江工商大学出版社 (杭州市教工路 198 号 邮政编码 310012) (E-mail:zjgsupress@163.com) (网址:http://www.zjgsupress.com) 电话:0571-88904980,88831806(传真)
排　　版	杭州朝曦图文设计有限公司
印　　刷	杭州恒力通印务有限公司
开　　本	880mm×1230mm 1/32
印　　张	7.875
字　　数	131 千
版 印 次	2017 年 1 月第 1 版 2017 年 1 月第 1 次印刷
书　　号	ISBN 978-7-5178-1960-8
定　　价	28.00 元

浙江工商大学出版社营销部邮购电话 0571-88904970

在体验中认知(代序)

何谓经济?辞书的注释是“经济学上指社会物质生产和再生产的活动”。这一注释当然正确,却又觉得这几近于无所不包的定义太宽太泛。

读过任立平先生所著的《近距离观察》后才领悟到,只有在组织和从事社会物质生产的体验中,才能认知到何谓经济。

任利平先生是有资格坐而论道的。他大学毕业即分到农校任教五年,继后调入行政机关,先后任东阳市经济技术协作办公室、市委办公室副主任。再后,相继任该市环保局、发改局局长。就此而言,他还真算得上是一路顺境,仕途通达。

然而,勤于实践又乐于思考的任立平,似乎并不安于现状,竟然一杆子插到底,应民营企业横店集团之邀,从事起工业企业运营管理和安全环保工作来。

也就是在这一期间，我始与他相识。由于同在横店集团工作，我俩对发展企业经济的探讨也逐渐多了起来。他写的文稿，我也确实读过不少，总觉得他是用心的，并且很有见地和有很强的责任意识。

如他在本书所撰的《目标、指标及加快发展的逻辑性条件》一文，等读到"思考着'两代会'确定的目标和经济社会发展指标，深深感觉到要完成目标任务压力不轻"这样的语句，身为读者，很自然地就会觉得，这是一位自觉意识和责任感都很强的作者。

而其在《企业管理制度的界与圆》中，则通过调研尖锐地指出："除了领导开口子放松管理的原因，还与一些制度本身不具备操作性有关。"对这一不足的反思，让他找到了企业制度规定的"边界不清晰"的矛盾。这就牵住了"牛鼻子"，进而强调了管理制度应该是闭环的"圆"。

再即，他以全国第五次人口普查的数字为例，致力于区域经济社会发展的探讨，颇有见地的"从一个劳动力创造的价值估算"，提出了"人口净流入与流出都会损失很大一块经济贡献"的见解。

又如其撰写的《企业管理中有关考核指标的科学设置》，也具有很强的可操作性。对企业经营者而言，当不失为教科书的价值和作用。

细读书中每篇文章,都受益匪浅。诚然愧为评说,忐忑自羞,还真勉为其难,是以体会代为序。

吴又强

2016 年 11 月

目录
Contents

第一章　人生感悟　001

那年那月　003

过年的联想　006

无处不在的道　009

大道理与小道理　013

认知因果定律,把握幸福人生　017

跳出传统思维的"安居"模式　022

老之乐　025

第二章　经济发展之观察与研究　029

数字的诉说和启示　031

社会因素、人的心理状态与环境管理的关系　034

从事、时、地、人、物分析我市工业发展　037

企业发展应选择最佳路径　046

我市经济家底到底有多少　052

数据应用的把握和分析　056

我市热电建设必要性和可行性调研报告 058

从税收结构看我市经济结构的问题 068

领导要重视政策的实施与操作 072

市场建设和商贸培育的若干思考 074

数字的逻辑与逻辑的数字 079

工业经济转型升级为什么必须着力产业链研究 082

目标、指标及加快发展的逻辑性条件 088

关于“十一五”发展主要指标设定及可达性分析 093

区域经济发展阶段性和规律性的认识与驾驭 101

董事长对当前和今后一段时期的工作思路 107

在融合中吸收企业文化的营养,在建设中发挥个人及团队的作用 111

数据在诉说什么 117

第三章 企业管理和行政管理的思考 121

应慎提“接轨义乌”的口号 123

又一个被超纪录 127

经济发展的“悟”与“定” 128

企业管理中有关考核指标的科学设置 134

我市山区经济发展的调查与思考 139

破解民营企业发展困局之思考 152

从微观到宏观是决策的重要思维 162

创新给横店工业企业带来跨越式发展 165

我市科技兴农工作存在的问题及建议 167

热点冷思看入世,机遇挑战慎把握 175

加快城市化要着力研究要素集聚的供需关系 180

企业管理制度的界与圆 187

建设大金华,东阳有作为 192

关于南江治污达标可能性的分析 197

构建和谐社会要从基层入手 202

从人与自然的辩证关系看环境保护 206

对基层供销社党组织现状的调查 212

把团的工作作为党委工作的分内事
——明德乡团建工作调查 217

新材料企业"高能耗"是误解 225

认清经济发展实情，增强服务经济紧迫感 229

"左手"不相信"右手"的西庄人 231

转变观念与改变现实 234

第一章

人生感悟

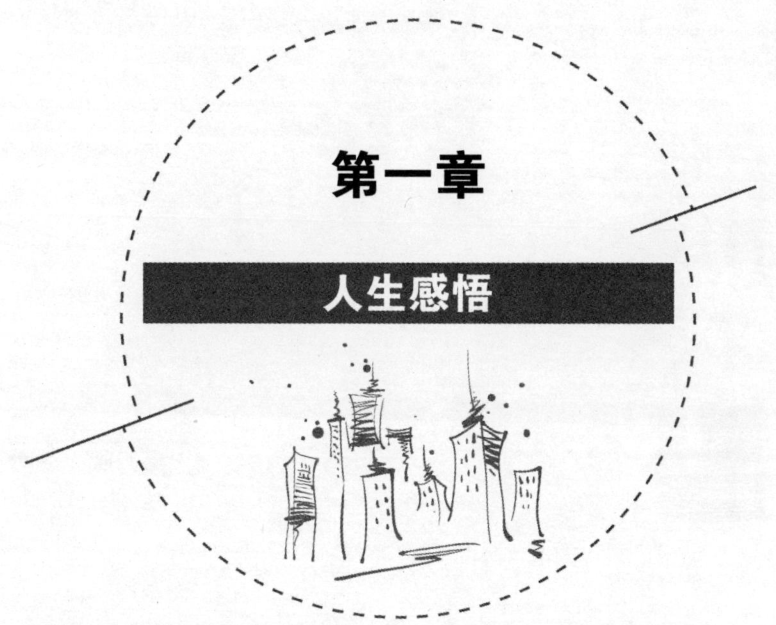

那年那月

与同事一起在食堂吃早饭时常会聊上几句。说到小孩子天没大亮就上学太辛苦，我虽也觉得没必要这么早，却不以为孩子太苦。同事们觉得奇怪，问为什么。我说："不是现在的孩子太辛苦，而是现在的父母太享福。"同事很疑惑。我说："我过去一直没想过我的母亲每晚能睡几个小时，现在想想顶多5个小时。"

年轻的同事们不知道的是，20世纪70年代以前，做母亲的人除了白天参加农田劳动外，回家还得做中饭、晚饭。吃罢晚饭料理好日常家务后，还有两件必做的事：一是纳鞋底做布鞋或纺棉纱，一般7—8点以后才开始，在昏暗的煤油灯下，做鞋得一针一线地纳，为的是使孩子不至于光脚丫。纺棉纱则得一附一弓地绕得纺车吱吱吱地响，一晚上一般能纺一两个小纱锭，集上大半年等纺足了近百个纱锭，才进入拢纱作业，还要用米面糊浆纱，最后才织成那年那月农村孩子都要穿的“东阳土布”。除了穿的衣物，还有被单、床单及被套“荷花被”等都要自己动手做。二是养好两头猪。母亲们每天早上鸡鸣起床煮猪食，尤其在11—12月时，为了使猪长膘争取在春节前出栏，煮猪食就成了她们每日的“必修课”。由于两头猪能否如期出栏直接关系到一家人柴米油盐的开销，偶尔下雨天农田无法劳作时是母亲和我推石磨磨大麦的时间，一推一拉一天可以磨下四五十斤麦子，这可是让猪催肥长膘的好饲料。母亲煮好猪食后再给孩子做早饭，一般也就是玉米糊之类。每当上学的时间到了，母亲就开始叫醒需要上学的孩子起来吃早饭。打发孩子们走后，她又得端着一大盆衣服到池塘去洗。如此这般，周而复始，母亲就像牛一样地干活，然而却是家中吃得最差的、干得最累的。她不辞辛劳，期盼的只是孩子上学能得“三好学生”之类的奖励。每当那时，她会露出幸福的笑容。

那时候，农村孩子对幸福的期盼就是两样：一是经常能吃上白米饭，二是过年时有新衣服穿。这是今天的孩子所无法理解和想象的。

那年那月，农村孩子放学后不可或缺的一件事是拔草。一是为了喂猪，二是为了增多猪栏肥。那时，农家为生产队积肥是完成工分的必要任务，积肥多还可多分一些粮食。这对于生产队时期大多数日子里粮食都不够吃的家庭来说,是至关重要的。几乎所有的农村孩子都有拔草的任务。难的是那时农业生产强调精耕细作,农田已几近除尽了杂草,荒地也早已垦为良地。孩子们常常会为如何拔满一箩猪草而发愁。所以我常说,至今每当我看到一处绿油油的杂草时,一种激动之情就会油然而生。正如冯巩小品中的那个从小拣煤渣的小孩,长大后见到黑乎乎的东西,就会联想到能拣的煤渣一样。

改革开放以来,社会变化翻天覆地,人们的生活大变样了,然而,那年那月留给我们这些五六十年代出生的人的记忆,至今依然无法抹去。现在的年轻母亲根本无法想象那个年代的辛苦,即使生活在农村,在承包地上出工干早一点迟一点都可以由自己定,大多数家庭也不再养猪,更不会去纺纱织布了,而且也不再需要为怎样拉扯大儿女而发愁。但是必须明白的是,人生都不可能完美,也不可能一辈子幸福,先苦后甜的生活是甜在心里的。今天没受过苦的年轻一代,但愿也能理解,幸福不是天上掉下来的。

过年的联想

友人一家从东阳自驾到云南过年，全程2000多公里。每天，她都在微信朋友圈里与我们分享所见所闻。第一天，在前往江西的路上，她的车就与别人的车“亲密接触”了。幸好无大碍，仅是碰坏了后视镜，不影响继续前进。在家的我则不免为他们的旅途安全牵肠挂肚，担心他们外出过年太辛苦。不过他们却说，身在其中不觉辛苦，并乐在其中，因为领略到的风景更多。这真是心态不同，感受不同。看来“相由心生，相随心变”，此言不虚！

从朋友外出过年的感受与我在家的感受对比中，我感悟到：人对幸福还是辛苦的感受，完全跟目标和期望相关。对目标远大且不达目标誓不罢休的人来说，过程艰辛算不了什么，他们有足够的心理承受力去承受困难。相反，对没有远大目标的人而言，人生道路上小小的挫折，都可能像是灭顶之灾。由此看来，有什么样的目标追求，人对幸福或是辛苦就会产生不同的感受。

我出生于20世纪50年代。尽管那时候物质极度贫乏,但我对过年仍然充满向往和期待。原因有三:一是外出做工回家乡的“出门侬”,必会分来糖果;二是母亲总会用粮食换回白糖,自制成冻米糖;三是必然能吃上白米饭。现在,我常与一些年轻人讲我十几岁时的理想——长大了有白米饭吃,过年能穿上新衣服。那时候的人都因为有向往好日子的目标,所以吃玉米糊、穿破衣服都不觉得苦。当时,农村人家的锅灶都与猪圈放在一起,烧饭、吃饭都在猪栏边,那是今天的人们难以想象的。真正让我感到苦的是,高中毕业后在农村劳动时,看不到未来。读书不可能,做工学手艺又因要“割资本主义尾巴”而不被允许。当兵更是轮不上。每到过年,心中总有一种说不出的苦。改革开放30多年,我们国家发生了翻天覆地的变化,几乎每个家庭都因此变得富裕了,做梦都不敢想的物质享受如住新房、开轿车,许多人都享受到了。然而,与人交流时,很多人依然觉得很辛苦,不幸福。我想,除少数人是因物质匮乏而苦之外,更多人实际上是心苦。有人说,小时候,幸福是一样东西,得到了就幸福了;成长时,幸福是一个目标,达到了就幸福了;成熟了才知道幸福是一种心态,满足了就幸福了。我想,除了极少数或病或残造成贫困的人需要政府和社会帮助，对许多因追求目标而感到辛苦的人，或对那些有了还想有、多了还想更多的人来说，调整心态，才是幸福之所在。

无处不在的道

许多人都读过老子的《道德经》，在老子看来，宇宙人生规律的这个道，先于天地而存在。它大到无边无际，小到无影无踪，无时无处不在，无所不包，无所不容，却又难于描述它。正所谓“道可道，非常道”。

年轻时读《道德经》感到十分生涩难懂，故走马观花式地读过就放下了。而今，年近六旬重读之，感到字字珠玑，句句真理。人生所经历的、观察的、体会的，还真是无处不在其道之中。老子的道，就是任何事物一体两面，相互依存，互为转化。任何人任何事走极端、求极致都是徒劳的。以健康养生为例，古人说：“上古之人，知其道者，法于阴阳，和于术数，食饮有节，起居有常，不妄劳作，故能形与神俱，而尽终其天年，度百岁乃去。”这段话的大意是：懂得“道”这个道理的古人，都善于效法阴阳的天地之道，掌握一定的技艺和方法为其谋生。吃喝有度，起居有规律，不过度劳累。所以能体魄健康、精神饱满，直至百岁而自然终老。在养生问题上，民间有“药补不如食补，食补不如心补”的说法，也是强调保持平和的心态不走极端才能健康的道理。

以人人都追求的幸福为例，从道的角度看也是再公平不过的。在你有所得的时候，也总会有所失的。诸如会读书、善做学问的，其社交能力必然要弱一些，因此，物质财富一般要少一些。努力追求物质财富的，当他的辛苦付出到足够多时，才能拥有相应的财富。物质财富的幸福满足了，但平静的生活往往又很难再有了。看看我们周围那些认识的或不认识的，富了的朋友或乡邻，就可以明白。他们早出晚归，很少有休闲的时间，迎来送往，推杯换盏，甚至趴了下来还得再喝，不干不净的鱼肉及地沟油之类，恐怕也是他们吃得最多。酒精肝、脂肪肝、糖尿病、高血压与之伴身。进商场购物，他们是“大爷”。挎名包、穿名服、坐名车，一掷千金，手机号、车牌号多是花钱买的吉祥号，一身行头就是一个聚宝盆。他们中的许多人富了却不贵，未必受人敬重，甚至于连他们自己也会看不起自己，总期待子女不要跟自己一样，最好是读书做学问或走仕途为官有权。有的富大爷遇到官员就是孙子，不论官大官小，只要管得到他的企业或业务，他为了和气生财就得装孙子。当然，也有牛气的，视官员如“狗”，一个电话就可以呼来喊去为其跑腿。然而在一些官员的眼里，这些土豪也只不过是“猪”，随时可以“割肉”“放血”。如此状态虽不是全部，但得到的和失去的总归跳不出一阴一阳之道，谁也无法抗拒。更有女企业家、女强人之流，事业成功了，婚姻失败了，儿女还未必会站在她一边，成功的代价惨痛。

当过教师的人都会有这样的体验：一些学生时代的“坏孩子”，走向社会后不少人反而颇有成就。有的当了老板，有的当了单位的头头。细细分析，其实也是道的辩证。第一，所谓的“坏孩子”脸皮厚，经得起批评，受得了打击，无论从政从商，大多易获成功。第二，“坏孩子”吃得了苦。第三，“坏孩子”还敢于冒险，不怕失败，跌倒了能再起来。第四，“坏孩子”头脑中点子多，具有创新精神。第五，“坏孩子”还可能特别讲义气，不争功，能揽过。这一切都是潜在的成功条件。

许多人总觉得老子之道过于玄妙，就笔者看来，其实是简单易懂的。老子说“一阴一阳谓之道”，文人说“有得必有失”，老头老太说“人无全福”，三句话同一个理。所以咱老百姓识道悟道，可以从最简单的生活体验和社会所见中去悟之，进而识之。没钱不幸福，有钱也会有不幸福。所以缺钱时不要灰心丧气，时光流，事在变，人也必然变。

有钱时也不能得意忘形,变也是必然的。古人说:“处富贵之时,当思贫贱之痛痒。”反之,失意时也不必过于悲悲戚戚,一切都会变,任何人任何事都在道之中,循环反复无不如此,人生当悟此道。

大道理与小道理

生存于社会，没有人会说自己为人不讲道理，也没有一个单位会承认其管理不讲道理。然而，现实中，我们总会感到一些人、一些单位为人办事不讲道理，以致让人感到非常憋屈和沮丧。施予方总觉得自己做事占着理，受施方却又总感到有许多人和事不讲道理。产生这一现象的原因何在？当然是仁者见仁，智者见智。而在笔者看来，其原因之一，往往是对大道理与小道理的认识有异。

道理，一是指事物的规律，二是指事物或论点的是非得失之根据、理由、情理。圣人老子的"道可道，非常道"，说的就是第一层意思。事物的规律是客观存在的道，它不依人们的解说、表述而存在。按照老子的看法，若可解说、可表述，就可能不是原来那个永恒存在的道。

社会生活中的大道理、小道理，虽与哲学定义上的道理相关，但又各有区别。我理解的大道理是指社会政治、经济、文化生活中的大原则、大方向、大规矩、大表述。其大到一个国家、一个世界，小到一个单位、一个人，都认为是正确而且应该遵守的原则，如自由、平等、民主等。就国与国之间讲，无论国家大小一律平等。就一国内部讲，人人生而平等，政府要为人民服务，要民主地管理国家。为遵循这样的大道理，国与国之间组织了联合国，制定了《联合国宪章》；每一个国家又都相应制定自己的宪法。而小道理则是为体现和落实大道理，看得见、摸得着的具体法规和政策，以及各国普遍认可、接受的是非得失的理由、情理。人与人之间，也有对大道理与小道理的理解和把握之分。比如，做人要诚信为本是大道理，做事要对得住良心是大道理。渴了要喝，饿了要吃，困了睡觉，见美而喜，见丑厌恶，是小道理。小道理应体现大道理，大道理应管住小道理。只有这样，才能将一切纳入正确轨道。

做人做事的大道理和小道理要一致，才不会使施者感觉良好，受者难以忍受。办企业、管理企业也一样存在对大道理、小道理的理解和把握问题。孔子说："君子务本，本立则道生。"办企业的本是什么呢？很简单，一是依法设立，二是依法生产经营。依法设立包括如实申报，按法律规定的地点范围生产，按规定解散和清算，明确权利和义务。现实中，如实申报能真正做到的比例并不是很高。有的食品企业，常常会大做特做广告，说其食品有这样那样的疗效，但质量就很难说了，有的甚至根本没有生产地址。有的工业企业生产多个产品，而依法申报的可能只有一两个。依法生产经营是指：①不生产国家法律政策不允许的产品；②不生产未经批准的产品；③要接受国家监管部门的检查监督及服务；④尽好企业的社会责任和义务，如重视安全环保、依法纳税等。

办企业的小道理是：①企业是主观为追求利润而产生的组织，它追求资本增值；②任何人都要对投资者负责，为投资人着想；③任何人都要听老板的；④企业靠员工而存在，靠顾客而获利。企业的小道理就具体操作层面而言，都是正确的。但很多时候，我们的一些企业领导往往极而言之、偏而信之，追求经济利益的同时罔顾社会公德，做出损害社会的事情，最后小道理冲击了大道理。从一个又一个倒下的名企业家的教训中，我们体会到：明白大道理易，坚守大道理难！清楚小道理易，要让小道理在大道理的框架下通过难！事实上，无论是国家、单位、企业、个人，既不缺大道理，也不缺小道理，所缺的恰恰就是大道理能管住小道理，小道理能体现大道理。尤其是在社会现实中李鬼可以打败李逵时，道德、法律制度、责任义务的统一，对很多人来说都比较难。

企业管理中，我们还可以观察到，似是而非的小道理大行其道，使一些企业和员工在认识问题上是非颠倒。比如“先做人，后做事”“细节决定成败”“用人不疑，疑人不用”等。试想，先努力做人再做事，在中国、在世界上有多少个人能做到？普通大众哪一个人不是在做人的过程中做事，在做事过程中以事业的成功而获得自身的完善？再试想，能决定成败的细节，还能叫细节吗？古人说：“千里之堤溃于蚁穴。”这个蚁穴还能是细节吗？同样，“用人不疑”引用为企业管理之道，如果对要用的人就不应该疑，那么一系列管理制度又有什么必要？试想，若没有约束性管理制度，企业还能健康运作吗？所以我认为，明白大道理，坚守大道理，让大道理管住小道理，让小道理体现大道理真的非常重要。

认知因果定律,把握幸福人生

因果定律的概念源于佛教,但它的确是辩证的哲学思想。人们对科学上的因果定律是理解接受的,而佛教上的因果定律还适用于心因心果、心因物果、物因心果、物因物果。对其中的心因心果、心因物果,一些人就不易理解和接受,对佛教的三世因果理论和思想更是难以接受。究其原因,这是因为心因心果、心因物果不易证之。

物的变化引起的物因物果最容易被人理解和接受,是因为看得见、摸得着,能经体验证知。如“无风不起浪”“风急必浪高”,风是因,浪是果;“水能灭火”“火能熔金”,冷热是因,胀缩是果;“种瓜得瓜,种豆得豆”,有了合适的温度和方式鸡蛋能被孵出小鸡,而石头再怎么着都孵不出小鸡来。这些物因物果人们都能接受。

物因心果也易被人证知,能理解和接受。吃好喝好觉得是一种享受,穿高档舒服的服装觉得愉快,而饥寒则令人痛苦。

在现实社会中,心因物果因为有间接性、时间累积性,还是难为很多人理解和接受。比如古人说:“善有善报,恶有恶报,不是不报,时候未到,时间一到,一切都报。”有些人就很不能接受。在人们身边,一些善良的人会突然因恶病或因车祸而亡,而也有一些人品行不端,常占别人小便宜,或凡事总要争个你低我高的,也没见其短命而不得善终。这些现象的存在,使不少人对“善有善报,恶有恶报”产生了怀疑。其实,理解这一现象也不难。善良的人或因过度劳作而产生疾病,或因马虎大意而被车撞,这些因也是客观存在的,有这样的因,并不等于是善而无果。古代人对善有七个方面的要求:一是居善地,就是要选择能使人正向成长的地方居住,而非易生水患、不宜居住的非“风水”地;二是心善渊,意思是心要像深渊一样平静;三是与善仁,就是人与人相处要胸怀仁义、有仁慈之心;四是言善信,就是要讲真话、讲实话;五是正善治,就是行为要端正,不偏执;六是事善能,就是要做能做得到的事,不做超越自身能力的事;七是动善时,就是合理把握时机和机遇。所以,善不仅仅是心地善良,还包括行为端正、方法对头。以我之见,佛教中所讲的“命由己造,相由心生”是有道理的。这个世界是无限的,人们却又总是把它看成是有限的。著名物理学家威斯柯夫说过:“在科学上几乎每一件事都是超过你的直接经验的。世间人往往仅以自己的见闻和经验来评判事物,但他不知道我们的感觉和经验常在欺骗自己。”世上没有无因之果,如“好好学习,天天向上”,作为学生,要想有好成绩,不通过努力是不可能获取的,即使有天赋上的巨大差异,不努力也是枉然。办企业搞经济,如果不努力,肯定赚不了钱,但很努力却又用力不当,也是要出问题的。如,只知抓产量、抓质量但不重视安全环保,依然要出安全环保事故,难免引来停产整顿之类的强制惩处的果。就个体而言,无论是老师和学生、领导和下属,抑或同学之间、同事之间,在共同学习和工作的过程中,都有一个以什么样的心态对待学习和工作的问题,心因正方法对,必然结果圆满美好。这些因缘果报,相对比较容易被人们理解和接受,因此,人生中绝大部分人都能正确对待和把握。

使人不易接受的“善有善报”之类的因果关系,是因为许多因果的显现,往往要经过较长时间的累积。就像烧开水一样,水温从 3—5 摄氏度到烧开,需要一直烧到 100 摄氏度。佛教中把这种因果称为异时因果。在现实生活中,我们可以观察到这样一种现象,即六七十岁乃至八九十岁的一些能享受晚年幸福的人,一般首先得是自己身体健康，其次是衣食无忧，再次是心态平和、凡事不急。此外，子女相对有出息也是其因之一。那么老人为何身体好？除了可能遗传了长寿基因之外，劳逸结合、不急不躁、个性乐观也是重要原因。饮食方面，肯定不是经常大鱼大肉。教育子女，一般也是言传身教使子女能走正道，所以有人说老来福是真享福。如果老人的子女中搞经济有亏大本的，搞政治有犯错误进监狱的，或有天灾横祸白发人送黑发人的，基本上长寿有福的比较少。所以，人们说老人有福，是中青年时代就修来的，人要修福积福才能有福。所谓中年有福，一般条件为自身事业有成，当然还有身体健康、夫妻和睦、子女上进等。中老年的福来自青少年时父母的正确教育和自己的勤奋努力。试想若少年时放荡不羁，青年时怎能有一份好的工作？没有好的工作，哪来事业有成？自身不正怎么能子女长进？所以中年之福当为年轻时修而所得。反之，看那些搞政治靠溜须拍马升迁的，搞经济靠违法乱纪赚钱的，搞学问靠剽窃造假当上教授、专家的，诸如此类，虽能得逞一时，但终究会被识破而轰然倒下。一些人虽有才干，事业成功靠自己的本事，但由于在为人处世上某些弱点太过明显也会受挫。如一些老板嗜赌无度，除败光了企业家产，还因欠账无数而只得出逃；一些政治人物的倒台，若从因果上看，也是贪色、贪财、贪权所致的必然结果。佛教有言:“万法皆空,因果不空。”

谈论因果定律,我们未必一定要去探究佛教三世因果之类的理论,也不必过于强调“前因复有因,因因无始;果后复有果,果果无终”的论断。我们只需理解和掌握果由因生、事待理成的道理,在人生的学生阶段好好学习、努力向上,在人生的工作阶段兢兢业业、事业有成,在人与人交往时与人为善、宽容大度,对因果法则能心存敬畏之心,即可积人生福报、享幸福人生。

跳出传统思维的“安居”模式

安居乐业是千年古训,它的历史沉淀和传承在周而复始的演绎中,成了今人奉行的至理名言。有了钱就造房子,造更多更好的房子,这是我们东阳人的一大传统,也是一个不争的事实。

土管部门提供的数字反映:1987 年至 1994 年,我市农村经过批准的建房用地是 3955.75 亩,折合 266.12 万平方米,若以每幢平均三层,约需投入资金 23.95 亿元,年均 2.99 亿元,这还不包括各地屡禁不止的违章建筑。据有关部门统计,我市农村,1989 年人均居住面积就已达到 36 平方米。大量的资金流向建房,无疑会使我们的经济建设受到资金不足的影响。据金融部门一位同志介绍:在该部门开户的个体私营企业贷款户中,约有 70%的人本来自有资金较足,因为建了好几处房屋,所以只得向银行贷款。

造房子是为让人居住,这是常识。但东阳人造房子不完全为了居住。你可以到农村看看，愈是造得漂亮的房子，主人常年外出的可能性愈大，有的人不但老家有房子，集镇有房子，城市里还有房子。父母、儿子、孙子及自己四代人的房子都有了，还在想着盖房子。在不少人的心目中，房子是一份证明，证明身为一家之主的男人是能安身立命、成家立业的！房子仿佛成了标志，记载着主人一生的劳苦和成功，用以满足一定的社会规范，达到受人尊重的目标。

我市有很多个体私营企业，都是在居住式房屋里组织生产的。了解业主心态的人都知道，那是因为他们仍在怕政策变化，怕成为大户做了出头鸟。这一传统的思维模式，使很多本来已经成为市民的人，至今仍是农民；很多本来可以用于生产的资金因分散投入了建房之中，使很多可以成为企业家的人，至今仍是小业主。

事实上，即使到了改革开放的今天，很多办厂经商的人并不是要从根本上改变自己，他们从来没有想过要从农民变成企业家，只是想让日子过得好一点。因此，赚了一点钱首先想到的是盖房子。小富即安是一种普遍的心态。在劝说他们将资金投入企业，扩大生产规模时，有好几位私营企业主曾告诉我们说："办这么大一个厂，操那么多心事，还不也赚那么点钱么?!"将企业做大做强从而彻底改变自己，是很少有人考虑的。报载，有一位农民曾写过这样一副对联：

依山傍水，红砖瓦房几间，耕种几亩责任田，赚几个良心钱，朝也安然，暮也安然。

的良的卡，大米白面三餐，妻子儿女话灯前，谈中外论古今，不是神仙，胜似神仙。

这对联体现了农民对改革开放以来所获成果的极大满足，体现了农民在精神和物质需求方面的全部内容。

传统思维在不知不觉中支配着我们的言行，影响着我们的生产生活方式。虽然改革的热潮正在影响它，冲击它，改变它，不少人已经在或正在挣脱传统思维的束缚，正在勾画奋斗的新目标，但传统思维依然顽强地在抵制新思维、新观念的影响和改变。在我们每个人头脑中，或多或少存在着传统思维。在解放思想的大讨论中，加速扬弃，仍需很大努力。仇保兴同志说过，经济的落后是观念落后的积累，位次的退后是精神退化的必然结果。纵向看我市的发展是迅猛的，但横向一比，我们就可以看到很大的差距。市委书记童德成在动员大会上，要求转变五个观念。我想，跳出传统思维的束缚，是十分必要的一件大事。只有树立新的观念、新的思维方式，才能明确新的奋斗目标。这需要我们每一个东阳人共同努力！

发表于 1995 年 3 月 25 日《东阳日报》

老之乐

世人因恐惧死亡而畏老，而我则以为，对儿女已经成家立业、自身身体基本健康、经济上有基本保障的大多数人而言，当是老有无限之乐。

其一是认知之乐。从呱呱坠地到牙牙学语，直至六十耳顺，一路走来是多么不容易啊！得经历多少风风雨雨？较之于壮志未酬或不幸夭折的人，对已老或老之将至之人而言，则多了一份对大自然和人生规律的理解和感悟。就自然规律的认知而言，小时候总觉得下雨天不好，冬天寒风刺骨不好。长大了才知道，没有雨水的湿润，哪来万物竞秀、百花争艳？没有寒风刺骨，保不准来年虫多病多，农作物必将生长不好。也知道了水润万物、上善若水，看似最柔软的，其实是最强大的。而人只有认识规律、遵循规律，才能在自然中获得自在。长大了才明白，就人生规律而言，小时苦不算苦，老来苦才是真的苦。我认为，老或老之将至，更易感到的是道之无处不在：万物一体两面，相互对立而又相互转化，极则反，盛则衰，因此凡事以中庸为好，做人做事不求极致、不求完美才对。同时我也懂得了世上因果不空的道理，所以既要善待自己也要善待别人。同样，因为老或老之将至，人才能渐渐懂得生不带来、死不带去，心态也就会好得多。这都可以说是认知有广度、有深度、有高度的认知之乐！

其二是满足之乐。老或老之将至的人，价值观、世界观较之年轻人、中年人也有很大不同。青年人欲望强、追求多、敢闯敢冒，家庭、社会对其要求和压力也多、也大。人到老年，奋斗过了，努力过了，社会和家庭对其施加的压力和责任也相对轻了、少了。只要身体好，不与别人争有无，就能活得轻松自在。因为老或老之将至，听多了，看多了，经历多了，对人生的体验多了，较容易满足。常说："心中无缺谓之富。"善于感悟的人到老年，知道宇宙浩瀚、人生有限，能健康活着，就是一种福气。所以，晨起锻炼身体的多是大爷大妈，有的人跳舞合不上节拍，唱歌跑腔走调，然而他们的内心已很强大，颇能自娱自乐。

其三是助人之乐。老或老之将至，见多识广者深知自己的人生已像夕阳，对人善心渐浓，乐于助人，因为能体会到帮助别人，能得到受人尊敬的乐。这一代老人或许文化程度不高，但他们青少年时都经历过苦，积累下来的工作经验、人生心得，对当代年轻人有莫大的帮助。另外，过去经历的苦如今转化成了一笔精神财富，他们比一般人更珍惜如今的幸福，更懂得人生的美好。换言之，老之将至，若能在自乐的同时，力所能及地助人，则更是乐在其中。因此，老之也可乐，乐陶陶也！

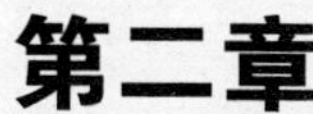

第二章

经济发展之观察与研究

数字的诉说和启示

都说数字是枯燥的。在我看来，有时数字又是鲜活的，它向关注和思索它的人们诉说发人深思的事实，给人以深层的教育和启示。

以全国第五次人口普查的数字为例，它向人们诉说了一个区域经济社会发展的状况。从金华市范围看，本次人口普查的结果，人口净增长的有原婺城区和永康市、义乌市。其中义乌市户籍人口为 660557 人，普查人口为 912945 人，净增 252388 人；永康市户籍人口为 527855 人，普查人口为 556994 人，净增 29139 人；东阳市则属净流出，户籍人口为 786847 人，普查人口为 752875 人，净减 33972 人。

人口的增减与经济社会的发展状况有着极为密切的关系。20 世纪六七十年代，东阳人往江西流，那时的江西因为是革命老区，国家有拨款的基建工程，相对于东阳人多地少，且属农业经济主导的格局，江西属有钱可赚的地方。而如今，尽管江西本身发展并不慢，但与浙江比，与东阳比，属不发达地区，所以现在是江西人往东阳流，往浙江流。在我市，户籍人口与普查人口呈净增长的乡镇，是吴宁镇和横店镇。两镇户籍人口与普查人口，分别是 183007 人与 200674 人，65513 人与 82022 人。东阳经济从城乡看，也是吴宁镇和横店镇较为发达。从工业化和城市化的趋势与规律看，经济社会的快速发展与人口集聚呈明显的正比关系。前不久，笔者曾到深圳市南山区做工作考察，有一组数据也非常发人深思：1980 年时南山区仅有 1.69 万人，全部为常住人口；到 1990 年达到 28 万人，常住人口为 5.96 万人；到 2000 年达到 55.7 万，常住人口仅 15.2 万。其经济状态为：1980 年，工、农、林、牧、渔全部总收入为 886 万元；到 1990 年 GDP 为 28 亿元，财政税收为 2.3 亿元；到 2000 年 GDP 为 364 亿元，财政税收为 48.75 亿元。

我们经常讲东阳有多少人外出，每年赚回多少钱，这是实情。但如果从另一角度去想，比如，以一个劳动力创造的经济价值计算，人口的净流入与流出就会损失很大的一块经济贡献值。2000 年，我市人均总产出为 45851 元，若以此计，义乌净流入 252388 人，等于多创造 115.72 亿元经济价值。而事实上劳均总产出至少 90000 元。一般来说无论流出或流入，大部分属壮劳力，若将增长人口 70%作为壮劳力，以劳均产出计，则义乌净增人口，相当于多产出 159 亿元的经济价值。

不要轻视纸上的账，觉得那不过是一堆数字。事实是人口的聚集，总是以发达的产业为支撑的。外出人口固然可以赚回不少钱，但在一个时期内，对当地经济的发展，特别是对城市化发展的推动力就会削弱，市内是这样的，如歌山。市外也是这样的，如中西部地区。所以认真研究进一步兴旺东阳人气的问题，人口净流出的问题，比扶持一个具体的项目或企业，可能要重要得多。

发表于 2001 年 6 月 16 日《东阳日报》

社会因素、人的心理状态与环境管理的关系

环境问题的出现，是从人为的破坏和损害开始的，因此环境管理的最主要对象是人。认识和把握社会因素、人的心理状态与环境管理的关系，对于做好环境保护工作来说是十分重要的，也是必不可少的。

就社会因素而言，环境问题本身是由社会发展到一定阶段而产生的，环境管理也因社会经济发展到一定阶段，才得到重视和促进。要解决环境问题，必须从人类文明进步的角度，从各个不同层面上去调控和引导人的社会行为。

现实生活中，人的心理状态是复杂多样的。环境管理工作者必须对此加以了解和重视，并运用宣传、教育、法律、法规、行政等各种手段加以引导。只有这样，环境管理才能真正以人为本有的放矢。笔者认为，目前环境管理主

要应针对以下三种心理矛盾加以教育引导：

一是无关心理。一些人平时从不关心环境问题，或对环境污染的危害知之甚少。要运用各种宣传媒介去宣传环境知识，让人们了解环境问题对人类生产、生活的影响。目前我国存在着森林被破坏、土地资源严重耗损和荒漠化、水资源污染，以及淡水危机等问题。回避与自身生存发展密切相关的客观存在的危机，或主张仅需“正面宣传”的片面做法，是人们“无关心理”普遍存在的表现。我们必须让全体人民了解和重视这些已经碰到和将要碰到的种种问题、困难和潜在的危机，只有这样，才能使那些抱“无关心理”的人惊醒过来。

二是矛盾心理。一些人不是不知道污染对环境的危害，但是为了眼前的利益，却总是宁可放弃保护环境的责任。对持这种心理的人，除正面教育外，主要还应通过法律法规、舆论监督等多种手段，加大强制力。从在基层工作的实践看，多年来，环保工作总是不如城建、土管和计划生育工作有力度。一个重要的原因是环保工作总是停留在就环保论环保的层面，对法律、法规和制度的执行缺少研究，特别是通过党委、政府运用行政手段自上而下的检查少。到目前为止，我们还没有一个领导因决策失误造成环境破坏而被追究责任；我们还没有一家企业的领导因为污染环境而被撤职。可以说,目前环保责任制还只是流于形式,从而致使一些人无视环保重要性的心理,在无为的默许中得以强化。对环境管理工作,目前要深入研究的问题是:这么多有关的法律法规,为什么会得不到落实和执行。

三是偏急心理。一手要抓经济发展,一手要抓环境保护,是一个棘手的两难问题。先污染后治理当然不行,要马上解决业已存在和不断出现的一个个环境问题也不现实。尤其是处于各级党政领导岗位的同志,一手要抓经济发展,一手要抓环境保护,两者之间的度的确不易掌握。所以解决环保问题要有紧迫感,更要有理智和科学的方法。从某种意义上说,环保部门目前对环保管理中的行政手段、行政效率和基层实际的研究,还存在很多的不足之处。

总之,环境管理以社会发展为前提,以人为中心、为对象,而人又是环保管理的主体,认识和把握好社会因素、人的心理状态与环境管理三者的关系,并加以正确引导和运用,对做好环境管理工作是十分必要的。

发表于 1997 年 11 月 20 日《东阳报》

从事、时、地、人、物分析我市工业发展

一个国家、一个地区的经济发展状况如何，一定是执政者及其治下的老百姓特别关注的头等大事，因此，观察研究分析经济发展是一项重要工作。

近年来(2008—2012 年)，东阳经济发展总体是良好的。但是，东阳工业经济的发展，或许是党政领导和社会各方最纠结的事。曾经的长项，如今却成了“短腿”。因为在改革开放初期，东阳工业，尤其是乡镇工业曾经非常红火，是金华地区的排头兵。然而时至今日，工业经济的排名，无论在全省还是在金华各县市区，名次一再后退，比重不断下降。问题到底在哪？东阳工业经济如何才能发展得更快一些？这是东阳党政领导和社会各界无不经常深思的问题。许多在外工作的东阳人，也常常就这个问题献计献策，以求东阳的工业发展更好更快一些。

笔者认为，研究东阳工业经济，要学习中医的“望、闻、

问、切”，以此方法找准问题的症结，辨证施治。我们得有一个“事、时、地、人、物”的观察和分析。

所谓“事”就是对工业经济要从产业、产业链的角度看问题。看一看我们东阳的工业经济产业有哪些优势，缺乏哪些有利因素，未来产业有哪些可以培育与扶持。前几年我们搞经济社会发展规划，也做了分析研究，列过一些东阳的主导产业。现在回过头来看看，这个“事”似乎未必抓得准。比如巍山白坦一带的金银丝、千祥的箱包，对这两个看似遍及千家万户的产品生产，从全市角度看似乎成不了主导产业，其影响和带动作用，始终局限在有限的小区域内。而红木家具作为新兴产业，则因东阳雕刻优势，以及油漆、木匠等工匠优势，如今在全市似呈星火燎原之势。然而，需要回答的是：它是主导产业吗？是未来能继续大发展的产业吗？

所谓主导产业，理应是能影响东阳工业当前和未来，在工业领域占有一定比重和份额的产业。从这一意义看，金银丝、箱包并不能影响东阳工业的未来。而把它们列入主导产业，如果不是为了照顾乡镇之间的平衡，至少是过于看重现状，以为在局部区域已成气候，就应列入。我认为党委、政府在研究工业经济问题时应注意两个问题：一是不要将国家层面重视的东西，简单转化为东阳重视的东西。如，国家过去强调科教兴国，我们就照抄照搬为科教兴市。东阳作为县级城市，基础教育是特色。虽有广厦职业技术学院和横店影视职业技术学院两所高等院校，但它们的科学研究能力是很弱的，更不要说对推动东阳工业经济有多少科研助推力。因此，东阳工业的发展一则依靠内生原动力，二要依靠域外科研机构和高等院校的科技力量支持，才能取得更大的发展。二是不要过多地重“术”而不重“道”。在我印象中，几年前东阳企业发展光伏时，几乎没有领导不支持的。这说明领导层与企业一样，没能预见到这个产业一哄而上，必然会出现极度的产能过剩。或者说，各界都没有意识到，这一产业及其在产业链中经营生产的企业都必将面临的严峻形势。对培育、发展箱包、金银丝、红木家具、光伏这类产业之“事”，要看清楚它，除了听企业家汇报及现场办公等一些形式外，我想，党政层面还应邀请高层专家，帮助我们从产业、产业链角度进行分析、研究、论证，并看清产业发展趋势才好。当然，最好是能建立有高层次专家参加的“智库”，每年做一两次产业发展状态研究，在政研室、发改局、经信局等部门日常研究的基础上，与高层次专家一道形成产业发展分析报告。不要以为有人搞高新技术的项目，就一律都得表态支持，还要看操作和实施项目的准备工作是否充分，有利条件是否充足，不利因素能否克服。因为政府不是项目实施的“运动员”，因为政府可以也应该“不在此山中”，理应“能识庐山真面目”。改革开放几十年，笔者也曾与许多领导一起，不辞辛劳地参加过这个项目论证、那个项目开工，做了很多“术”层面上的工作。而在对引导企业家和企业研究产业，培养其所必需的经济发展契约意识，高度重视和自觉加强环境保护等这种“道”上的工作，则相对不足。即使如环保方面工作，看似没放松过，但也是在管理角度抓得多。而从自觉、超前重视等方面的思想引导，以及企业与企业家行为素质的培养角度看，却抓得偏少。共产党人讲理想信念是总开关，企业和企业家的价值观、世界观，对于一个企业和地区能否持续稳定发展，对于一个产业能产生多大作用都是十分重要的。他们的素质、行为如何，一定程度上看，也是由政府的法律、政策、制度所塑造出来的。

我觉得东阳工业经济要想发展得更快一些，对产业、产业链的研究是非重视不可的。当下，有钱的企业和人很多，一些项目一哄而上的可能性很大。党委政府一定要在产业及产业链分析研究上，站得高一些，拿出一些高于企业家认知的真知灼见来，指导和引导企业。

制造业的发展条件总体上是耗能要小，原材料易得，附加值要高，制造过程污染要少，这也是未来发展的方向。

另外，变废为宝，资源再生也是鼓励发展的选项。从这个意义看，红木家具的发展必将受到限制。笔者认为，东阳以磁性材料为基础的电子元器件，应该属于主导产业之一，目前的问题在于要延伸产业链，做组件和终端产品。要力争大企业在技术创新上走得更快，小企业跟得更紧，形成 300 亿—500 亿元的产业。其二是制药产业。我市虽然因地处钱塘江上游，医药化工的合成污染重、环保压力大，向外转移势在必行，但制剂成品药因其做原料药中间体的市场信息基础、人才基础、技术基础优势都在，还是可以做大做强的，引导得好，做 200 亿—300 亿元也是可能的。因此，可以考虑作为主导产业之一。对磁性产业的组件和终端产品与制剂产品的开发研究，以及市场拓展，政府要在规划和产业引导上加大力度。只有如此，才能使这两大产业发展得更快、更稳、更好。其他如航空产业、新材料产业也应予以足够的关注。

一个企业所研究的产业、产业链，与政府所研究的产业、产业链应该是不同的，至少有较大区别。企业产业研究，是指企业进入这个产业生产某些产品，有无赚钱的优势、能否持续发展。政府研究产业链，是指研究这个产业在东阳能否形成一定的比重，形成区域性气候，并以此作为经济规划、制订扶持政策，进行必要的动员宣传、推动实施、排除阻力等的重要依据。所以，单个企业、某个项目赚不赚钱、发展快不快，并不是政府规划、布局、出台政策等所要考虑的问题。不简单肯定或否定，是指要请熟悉工业经济和区域发展的专家，在结合当地领导看法、企业家看法以及所具条件的基础上下结论。

所谓“时”，就是经济发展的历史时期、历史阶段，以及当前所处的时机。东阳在改革开放的第一波能发展得很快，这从国家层面看，属于农业经济、计划经济向工业经济转轨之“时”，是改革开放之门打开之“时”。那个时候东阳的领导思想解放、胆子大一点，企业家们步子迈得早一点，因此走在了前面。另一个值得深思的是上海制造业萎缩的例子。想当年自行车、手表、缝纫机等国人梦寐以求的三大件，无一不是上海生产拔了头筹的。如今，上海制造却在全国各地先进企业的竞争中败下阵来。为什么具有人才优势、技术优势的上海会败阵呢？究其原因，大体是因原料、产品都靠调拨的计划经济的旧体制，败在了改革开放的新体制下。如今，工业经济已从产品供不应求的短缺经济，转变为产能过剩、产品积压。转型升级成了历史发展的必然。在这样一个大背景“时”期，用过去那种层层发动、镇乡考核的办法，只能出现“装进篮的就是菜”的结果。既消耗了有限的土地资源，又消耗了大量的工作效能。在这样的时势下，我认为，政府及其领导一定要静下心来，综合分析研究东阳的现状，要打持久战而不是速决战，要先打基础再上台阶。工业经济的发展，想一年打基础、三年大发展，那是不可能的。要像新中国成立之初，"先谋划"工业体系的骨架性布局，然后将一个个产业、一个个项目排进去，几届领导接力似的抓下去。要像抗日战争的"积小胜为大胜"，要为大发展选好方向。做好谋大局、谋未来、打基础和抓突破，是工业经济必须重视的"道"。比如，横店的航空产业就能够以通用机场和现有通用航空公司为基础，发展旅游航空，飞机零部件制造和组装，飞机修理，等等。抓得好可以带动一片，发展成几百亿的产业。上海轻工业萎缩后，现在着力抓的就是汽车工业和大飞机制造业。国家军工装备业的业务多多，我们应寻找并抓住机遇不放手。

所谓"地"，就是一定要认清东阳地域特点和现有工业基础，以服水土的方式支持发展。东阳历来有南乡、北乡之分，北乡人从事建筑业比南乡更多更优，且长于公共关系。相对而言，南方工业基础好一些，且乡镇各具特色。对一些工业项目的发展，若不顾及"地"的因素，往往就会出问题。以南马为例，南马人搞经济肯吃苦、肯钻研、反应快。但从发展历史看，南马轰轰烈烈地搞过呢绒服装、皮革衣物，木线也红火过，如今又正在搞红木家具。南马一带企业家，可能存在的问题是“抱团”意识似乎要弱一些。研究和分析地方工业经济，不能不认识这样一些问题。王坎头“4·10”事件的产生，除客观存在的土地运营不规范与环保污染影响因素外，与地域民风彪悍亦不无关系。其次，也与当时该地区工业经济薄弱，群众在对工业经济发展中遇到的问题，以及在克服和解决这些问题上需要企业努力、周边支持等思想基础、情感基础方面比较薄弱，亦有一定关系。对“地”的研究，就是一定要“唤起民众”，让当地人自觉参与到发展工业中来。

所谓“人”，是工业经济最主要的要素，要研究分析企业家及其员工。过去，东阳培养与涌现了徐文荣、楼永良、邵庆祥等一大批优秀企业家，但第二代、第三代是否优秀？有的已经被实践证明，有的还有待观察。东阳市委、市政府对企业家的培养是重视的，但我认为有两点值得改进：一是民营企业家的管理不宜放在组织部，以党管干部的方式去管理社会经济人才和企业家，是不妥当的。组工干部涉及经济的具体工作少，难以与其形成鱼水相依的融洽。笔者以为，应放在涉工部门为好。第二点是企业家中的一部分人，亦有一些难以杜绝的弱点。这些弱点对于一般人，社会和政府是相对宽容的，即使予以处罚，也不具社会影响力。但对于一个较大的企业，对于一个较有发展潜能的产业，尤其当其原料或者产品还能带动或影响周边一批企业时，其结果就不可小视了，如某企业主或涉赌很深，或有其他诸如夫妻反目、父子诉讼等官司，此时对其个人的惩罚，则完全可能毁掉一家企业。研究工业经济，党委、政府有必要将一些赌性很重的人列入“专帮”对象，观察、检查其企业有无因涉赌提走大量资金等情况。若存在针对此类危机的政策机制，类似宗苏实业这样的企业发生的问题，或许就可以避免再次发生。此外，对外来务工人员的研究也要更多一点，以便让他们在东阳工作得更顺心，生活得更愉快。对企业存在的涉黑行为，要及早发现、引导、打击。

所谓“物”，就是要研究工业经济发展中的物的流通，以及生产装备的适用性、先进性。淘汰落后装备，要有规划、有政策性引导，尽量少用或不用长官意志色彩的强制关停。

总之，作为党政领导，观察、分析、研究工业经济，要像老中医一样，善于从整体把握问题，要善于综合判断、辨证施治。否则，头痛医头，虽想把工业经济搞快、搞好，办法陈旧或简单的话，效果难免不够理想。

企业发展应选择最佳路径

古话说:“男怕入错行,女怕嫁错郎。”其实办企业也一样。选择一个产品组织生产,意味着选择进入了一个产业。一些人还没有把产品生产放到整个产业发展趋势的宏观高度去认识和把握,往往眼睁睁看人家在赚钱而杀入其中,等进入后遇到各种困难只好息业不干时,才认识到自己不具备进入某一行业的条件。

产业进入须选择对路

20世纪90年代,巍山镇有一个办砖瓦厂的老板,看到横店磁性行业的企业办得红红火火,托人找到笔者,到横店企业摸情况,后来投巨资办了磁钢厂。由于他多年从事的是砖瓦行业,虽手中有资本可办厂,但缺少对磁性行业特性的认识,更缺乏这方面的社会资源,因而从创办之日起就日渐艰难，质量总是不过关，市场也打不开，结果被贷款机构拍卖。

可见，对一个产品和产业能否进入的审视和研究，就是我们通常说的"可行性研究"不可少。最根本的一点是，必须从过去的经验判断为主转向科学决策。任何高明的个人总有局限性，而专业研究机构和团队可以多角度、多因素综合分析，可以对进入这个行业生产某一产品可能遇到的各种问题和困难，看得更清楚一些。人，尤其是有一些能力和经验的人，最容易犯的错误莫过于过度自信，最难看清的是自己的不足。

改革开放 30 多年来，我国经济已从过去的争相抢购，进入了严重产能过剩。消费者购买产品已经从过去的争相购买，转变到"挑挑拣拣"，讲究品牌。这对生产产品的企业来说，"在行"和"入行"的要求都不一样了。市场对产品要求更高了，过去是"有"与"无"的抢购，现在则是"优"与"更优"的选择，还有人是情感式地选择产品。因此，企业家审视产品的能力和水平，必须跟着提高才行。相对而言，生产终端产品的企业因直接面对消费者，挑战性必然会更大。而生产中间产品的企业不直接面对消费者，主要压力在于同行业的规模竞争、品质竞争、价格竞争和服务竞争。进入其中前，必须对整个产业链做出分析，以避免决策失误。

管理制度需分清“界”与“圆”

企业管理制度的重要性是不言而喻的。但在危机面前,个别企业也显现出基础不牢、管理制度存在薄弱环节的状态。反映到经济指标上,是存货偏多、应收账款偏大、三项费用较高等问题。分析这些企业的内部管理制度,问题有二:一是管理制度的执行力效果不佳。有的是领导开口子放松管理;有的则是对不执行制度的现象熟视无睹,从而导致制度执行不力。此外还与一些制度规定本身不具备操作性有关。理论上讲就是制度规定的边界不清晰,具体到指标控制上是落实不到具体岗位、具体人。第一要明确控制线。如产成品库存控制,虽然市场千变万化,生产和销售要跟着市场变化而变化,但绝不意味着企业管理不需要限制性管理。一般来说,除特殊季节性、规律性的月份产品多做些库存外,正常情况下,产品库存量超过一个月的生产量,就是问题。剔除特殊情况,作为企业管理制度,要求产成品库存控制,应该在月平均销售额的50%为宜,上限为月平均销售额100%,特殊情况由总经理自己掌握。把产成品控制的责任落实到销售副总经理,制度上就应该有一个边界，即将全年平均产成品在月平均销售量的50%时设为正常，低于50%给予奖励；超过100%即扣罚一定量的奖金，或在月度生产销售联席会议上通报批评。这样就可以起到控制作用。其次，要明确责任人。无特殊情况，在产成品库存超过月销售额100%时，必须追究销售副总经理的责任，或降奖金，或下降销售扣点，决不能归因于市场变化的客观因素而不追究责任。这就是制度必须要的边界。

管理制度的第二个问题是“圆”，就是说一个管理制度应该是闭环的，不应该有缺口，不然这个制度就不能发挥作用。笔者仔细研究了产销对接率较低的企业，发现与制度要求不闭环有很大关系。一般而言，生产要围绕市场转，以销定产，这是谁都懂的道理。这里有三个环节必须形成一个制度的圆圈。第一个环节是销售人员认真细致做好市场调研，形成一个月的生产订单；第二个环节是在产销联席会议上对接，落实数量、质量、规格和交期等生产内容；第三是各自承担责任，即生产方如果没有按时保质保量生产时，承担什么责任；销售方未能按时销售时，承担什么责任。第三个环节的考核边界不能太宽，太宽了就失去管理上的严肃性。有的企业是一旦合格产品按要求生产出来，进入仓库第6天开始就要对销售人员计息，有的企业是两个月。笔者认为,两个月的设定必定导致市场调查不认真、不仔细。很多企业在这三个环节上有联席会议,但没有让销售人员形成书面计划。没有考核的现象则比较普遍。所以,有会议没有书面计划不行,有书面计划没有考核也不行。"会议、书面、考核"就是产销对接必须画好的圆。

把握理念与追求方向

任何企业都会有自己的理念和追求。有的追求做大,有的追求做强;有的喜欢专业化,有的喜欢多元化;有的追求跨越式发展,有的追求渐进式前进;有的从小到大发展迅速,有的磕磕碰碰一路艰难;在追求中有的因目标方向错误而失败。

企业的发展与人的成长类似,有一个渐渐长大的过程。不但有生理的成长过程,而且有一个心理的成长过程。企业在创业之初往往目标很简单,也很明确:把产品做出来、销出去赚到钱,改变创办者及其员工的经济状态。初获成功后,企业就会有更多的目标,既想做大,也想做强。现实世界中大多数企业要做大,一般总要从成为全县第一,才能到全省第一,再到全国前列,最后才有可能进入世界500强。而当企业成长到一定阶段，一定会面临为自己还是为社会办企业的理念的思考和追求。

如果说对于道德意义上讲的理念，大多数企业一般不会出太大的偏差的话，对于方法意义上讲的理念，则不对头企业就不在少数。例如，有的企业家认为企业上市既可得名，又可获利，于是乎拼得老命也要力争上市。事实上，上市的企业依然需要扎扎实实地经营才能稳步发展，由于对上市企业的监管不断完善，有些上市企业因必须规范运作，日子非常不好过。企业向银行借钱是债权融资，上市则是股权融资，两者都应有一个合理的限量。超过限量，对企业肯定是沉重的负担。上市公司的税收成本、交易成本等要比不上市企业高。在企业并不具备上市条件时争得上市，给企业带来的最终结果，可能与追求的动机是相反的。

正确的企业理念和追求存在于实践之中。像做人一样办企业，努力但不追求超过自己能力的目标，从现实出发，把期望的目标分解到一个个具体的行动之中，依靠团队的战斗力和积极性，把“桥建在与路连接的地方”，走好发展的每一步，这应该就是我们从成功企业和企业家的经验中汲取到的可贵营养。

发表于2010年第9期《浙江经济》

我市经济家底到底有多少

我市的统计数据有水分,这是众所周知的。我们没有必要一定去深究这是谁的责任和原因是什么,然而大家一定会十分关心东阳的家底到底有多少。一般而言,在现有统计数据中,税收总收入、用电量、实际利用外资额、进出口总额、银行存贷款等数据是基本可信的。因为它们来自非行政考核系统,没必要也不太可能掺入人为因素。人们所说的水分主要指工业产值虚报和由此连带的 GDP 失真。搞清真实家底,不但对分析研究现实情况和问题有必要,而且对制订今后更快发展的对策,也是十分必需的。在此我试用统计部门的一些数据进行相关分析和推理判断,以求解答接近真实的家底到底有多少这个问题。

据统计,2005 年 1—6 月我市规模以上工业企业产值为 74.8684 亿元,所耗电量为 3.3037 亿千瓦时。从中我们可以得到每千瓦时电量产生产值为 22.66 元。我们知道，规模以上工业企业产值是由每一个企业直接向统计部门报告的。企业已体会到如实填报并不会给其带来纳税缴费的“压力”，因而一般基本可靠，且其不仅仅报产值一个数据。多年下来，这个数据的真实性与税务部门掌握的企业销售纳税报表，可以互相印证。统计、税务及企业的工作人员均认为是基本可靠的。这样，我们就可以按统计口径的准确数，依据用电量给出大致正确的全市工业产值。

1—6 月全市全部工业用电量为 4.9341 亿千瓦时，规模以上企业半年用电量为 3.3037 亿元，每千瓦时电量产值为 22.66 元，这就是说规模以下企业用电量仅 1.6304 亿千瓦时。而报表反映上半年工业总产值为 260.79 亿元，规模以下企业产值为 185.92 亿元，则规模以下企业每千瓦时电产出 114.034 元。显然，这个产值是大可怀疑的。它的产生方法是各乡镇包括开发区及江北新区，按年计划考核指标而自报汇总的。

那么，规模以下企业产值到底有多少呢？若按规模以上企业同样耗电及产出比例推算为 37 亿元，则全部工业产值约为 112 亿元。一般说来，工业企业单位用电量产值要比规模以上企业高是不太可能的，但是我们也知道个体私营企业中的某些行业耗电量不大，如手工艺品企业、箱包企业等。因此,若考虑到规模以下企业有一些行业的用电量较少,以规模以上企业每千瓦时电量产值的1.5系数计,则规模以下企业单位电量产值为34元/千瓦时,规模以下企业的产值约为55.5亿元,全部工业产值为130.29亿元。这个推算数据是否接近真实,可以通过以下方法印证:

1. 与GDP和税收收入相印证。研究表明,正常情况下,县级GDP与税收收入之间的比例关系因其税收结构和特点一般为10∶1,即每10元GDP产生1元税收。而100亿元工业产值的GDP增加值平均为22亿—25亿元,那么,112亿元工业产值的增加值约为24.64亿—28亿元,130亿元工业产值增加值为28.6亿—32.5亿元。取其中28亿—28.6亿元,加上一产3.79亿元、三产27.6亿元增加值及5.98亿元建筑增加值,则全市今年上半年GDP在65.37亿元和65.97亿元之间。我市上半年税收总收入6.6752亿元。按税收占GDP一般为10%取舍,可见GDP取66亿—67亿元较接近真实,工业增加值在28亿—29亿元。这说明上述推算值刚好可以与税收合理的比值相印证。

2. 与经济普查所得到的数据相印证。从刚刚完成第一阶段任务的经济普查数据中得知,我市规模以上工业经济产值占全部工业产值的比例约为 60%，其每千瓦时电量产值平均为 26 元左右。如按全部工业产值 130.29 亿元计，则上述比例的推算结果分别为 57%和 26.41 元。若工业总产值为 128 亿元，则非常吻合。

由此可见，我市今年上半年真实的工业产值约为 128 亿元，全部 GDP 为 66 亿—67 亿元，最多为 70 亿元。用同样的方法，可推算出 2004 年我市全部工业产值约为 229 亿元，全年真实 GDP 为 124 亿—130 亿元。这就是我们的真实家底！

数据应用的把握和分析

在分析和研究问题时，我们常常用数据来说明问题，让数据说话。然而，对数据的引用和把握，必须有一个去伪存真、去粗存精的过程。

在分析今年（2006 年）上半年经济形势时，我市有关部门提供的数据表明，全市规模以上工业用电量同比增 18.92％，比金华市平均增幅高 7.1 个百分点。经查，这个数据出自金华统计资料中有关规模以上工业用电量的数据，具体是：

金华平均	市区	兰溪	东阳	义乌	永康	武义	浦江	磐安
11.8％	17.67％	4.18％	18.92％	16.89％	10.27％	24.38％	9.66％	18.04％

粗看，这组数据本身正确无误，又来源于金华市统计局，具有法定权威性。但是结合有关县（市）的其他数据，则上面数据的正确性就值得怀疑了。

1—6 月各县(市)规模以上工业产值同比增幅:

金华平均	市区	兰溪	东阳	义乌	永康	武义	浦江	磐安
28.5%	28.4%	20.5%	19%	30.9%	31.4%	34.4%	38.5%	14.1%

1—6 月各县(市)工业用电量同比增幅:

金华平均	市区	兰溪	东阳	义乌	永康	武义	浦江	磐安
15.6%	16.3%	7.7%	16.2%	23.1%	17.2%	26.2%	18.2%	14.9%

从上述两组数据我们可以看到,东阳规模以上工业的产值增幅只比磐安高一点,工业用电量增幅也只比磐安和兰溪高一点,在以上两组数据居后的情况下,规模工业用电量增幅,比金华平均高 7.1 个百分点的实际可能性是很低的,也是不符合逻辑的。并且,我们东阳也没有能大幅度影响规模以上工业用电量的工业企业投产,其他县(市)也没有大用电企业下马。因此,笔者认为,规模以上工业用电量增幅高于金华全市平均 7.1 个百分点的数据,是一个失真的数据,是不能引用和说明问题的。

我市热电建设必要性和可行性调研报告

电力供应紧缺已经成为当前及今后一个时期东阳经济发展的瓶颈，大量频繁地拉限电，严重影响了我市的工农业生产和城乡居民的正常生活。“经济发展，电力先行”，电力的“先行官”角色决定了电力建设的适度超前是必要和必需的，但目前“先行官”成了掉了队的“病官”。在这种全国性电力紧张的背景下，区域电力供应得到保证，电力紧张能够缓解，不仅成为吸引外来投资的重要因素，而且还决定着地区的市场竞争力。电力建设的意义不仅仅是经济层面的，而且是社会层面的，甚至是政治层面的。它影响国民经济的发展速度，影响城乡居民的生活质量和社会安定，还影响着提前实现现代化的进程。

电力供应的短缺导致新一轮的电源建设高潮。热电联产由于能够有效地节约能源，改善环境质量，缓解电力紧张，提高供热质量，减轻工人的劳动强度和节约城建用地等，已被越来越多的人所认识，并受到各级领导的重视，企业家们的投资热情也普遍高涨。基于我市的实际情况，市领导要求，由市政协、市发展计划局牵头，会同市经贸局、市建设局、市环保局、市供电局、家园化工有限公司等单位组成的调研组，对热电建设问题进行了专题调研，先后走访了宁波孝感热电厂、浙江蜜蜂厂、浙江义乌造纸厂等有关厂家，召开了企业家、专业技术人员、有关部门领导参加的座谈会，听取了各方面的意见，形成了如下看法和建议。

一、热电项目不同于一般项目

热电项目与其他一般项目建设不一样。热电厂建设强调要服从城市总体规划和城市热力规划，并明确没有城市热力规划的热电项目不予审批，因而必须编制热力规划，将热电建设纳入长期发展计划。热电联产规划要按照统一规划、分步实施、以热定电和规模适度的原则进行，以供热为主要任务，并符合改善环境、节约能源和提高供热质量的要求。热电联产集中供热涉及能源供应、城建规划、用地指标、环保、电网连接、交通运输、水源、银行和各热电用户等多方面的关系。因此，对它的建设，必须在政府推动下，各部门协调、配合、齐心协力地帮助实施，建设单位环环相扣、步步跟进才能办好。因此，处于决策层面的领导和处于密切配合支持层面的有关部门，对发展热电联产应有综合分析、综合决策的认识和驾驭。对于企业家们的投资热情既要保护好，又要给予正确合理的引导。政府要在综合各方面形势和要求的基础上，拿出适当超前的思路和规划，从而进行积极、慎重的科学决策，使投资建设实现经济效益、社会效益和环境效益相统一。

二、热电项目建设要解决的主要问题

1. 规划的细化。目前在我市城市总体规划中，已有三个热电厂位置，但总规划中的三个位置是不是真的可以作为选址，规划部门也提出应进一步论证。因此，应尽快确定详规中的位置，这样才能与拟建设热电厂的单位衔接。而详规与热力规划等最好由建设规划部门在没有热电建设项目“咬在脚后跟”之前完成。

2. 厂址选择。热电厂建设首先要选好厂址，在服从规划要求的前提下进行厂址比选。厂址比选就是地理位置的分析、比较和论证。热电厂必须建在热负荷中心，要坚持以热定电或热电联动建设的要求，掌握好热电比，认真预测、落实热负荷，制订完善的供热规划，杜绝供热工程的短期行为。同时要充分考虑场地条件、燃料供应和运输条件、水源和供水条件、贮灰渣条件、岩土工程条件、电厂接入系统条件和环境保护条件等。据我们这次考察的宁波孝感热电厂领导介绍：宁波地区12个热电厂中，近些年仅有2个是盈利的，这2个厂都建在热负荷较集中的工业区。如，宁波考感热电厂附近是纺织工业园、汽车城，还有3个宾馆、2个大楼都是它供的热，同时还制冷，供热用户最远达10公里处，有较大的热负荷，用热比较稳定。而其他电厂不盈利，主要原因之一就是热电不匹配，致使经济效益不佳。

3.热网设计。热网设计应服从热力规划，在规划的指导下，热网工程与热电厂统一规划，并保证实施。热网设计应在满足用户要求的前提下，尽可能节省投资，提高系统运行的经济效益。应在规划的指导下布置热网走向，热力网的铺设要与市容美化相结合，并与其他管线协调一致，不阻碍交通，避免拆迁，尽可能少穿越江河、公路和其他规划管线。热网走向和架设力求施工方便和运行安全。

4.环境保护。热电厂建设项目应贯彻清洁生产的原则，节能、节水、脱硫、除尘、降噪、消防、灰渣综合利用、污水处理应互相配套，劳动安全与职业卫生措施应齐全。热电厂产生的灰烟量较大，一般为用煤量的三分之一，2.5万千瓦的发电机组正常情况下每天可产生130—140吨煤渣、煤灰。因而热电厂的灰渣综合利用一定要跟上，周边最好建有水泥厂、砖瓦厂或保温材料厂，并且有固定的用料客户，以利灰渣综合利用，提高效益。同时要设计好灰渣存放场。我国目前现有的技术水平，应能保证环保的达标要求。问题在于：(1)热电厂建成后，要确保各项环保措施在运行管理中落实到位。(2)工业企业的达标与城市化高质量环境要求的差距是客观存在的。热电厂较之于电子机械企业和服装企业，污染肯定要大一些，而且我国目前对污染企业的管理水平与发达国家还有差距。因此从选址开始就要注意热电厂对周边环境的影响。在确保环境损害最小化的情况下综合决策。

5.热价、电价问题。目前各发电企业对上网电价过低反应很强烈。宁波孝感热电厂盈利的主要原因是建厂比较早，享受到特殊政策，即在5.4平方公里范围内可直接对有关企业供电，平均电价为0.61元/度。若经供电部门，上网电价只有0.43元/度。热价、电价的制定应充分考虑热电厂节约能源、保护环境的社会效益的原则，在兼顾用户承受能力的前提下，合理分摊，从而确定公平、合理的价格。

6.供水水源。项目的建设必须考虑水源,一般 2.4 万千瓦的机组日用水量为 5000—6000 吨,对水质要求较高。水质如不好,用水就必须净化处理,这样用水不能保证,热电厂建设也就可“一票否决”。

7.燃料供应。热电厂燃料以煤为主,其成本占整个电厂成本的 70%左右。这就要考虑到煤源、煤价、用煤量。从我们了解的情况看,目前全国处于用煤紧张状态,铁路运输也有很大困难,这是热电项目建设单位不能不正视的现实问题。应根据能源供应条件和优化能源结构的要求,从改善环境质量、节约能源和提高供热质量出发,优化燃料供应方案。

8.交通运输。热电厂的建设必须保证燃料运输,因为燃料用煤运输量大,必须将厂建在交通便捷之处。我市无水运条件,只能靠铁路、公路运输,运费相对来说要高些。

9.工程地质。考虑到热电厂建设需要,应选用地层较简单、场地较稳定的合适厂址为工程建设用地。

10.加强管理,提高效益。一要加强建设期管理,缩短工期。二要降低造价。热电厂建设期一般 2 年左右,工程能否如期实施或提前投产,建设期管理至关重要。二要加强运行管理和经营管理。

上述十项问题中,选址、用水、热源、上网是最主要的问题。热电厂最经济的供热半径为5公里，最远达10公里。从我们调查的情况看，南方地区的热负荷主要以工业企业用热为主，人民生活用热除宾馆、医院、学校外，热循环时损耗大而带来的成本高，居民小区供热热量小，较长一段时期内没有现实操作性。因此，在建热电厂的同时，规划使用热较多的企业相对集中。政府必须做好产业布局，另外还要着重考虑水源、环境容量等问题。根据上述因素分析，画水镇竹溪园区有一定的热负荷，可考虑建一个热电厂，主要制约因素是南江水源水质较差，有待改善。我市城西工业区因为有较多的热负荷，东阳江南侧可以考虑布一个点，但这对城市环保会产生一定压力。东永线南侧十五坑溪东侧，可以考虑规划建设一个热电厂，以便今后同步安排工业企业集中供热。城东北六石一带，因江边重点作为城市建设用地，选址尚需进一步勘察和论证。

三、垃圾发电是热电联产的发展方向

随着工业化、城市化的不断推进，城市垃圾的数量也在急剧增加。据统计，现在我市每天产生城市垃圾约600吨，并以每年平均13.6%的增长率递增。目前，垃圾的处理方法主要有填埋、堆肥、焚烧等。填埋法方便易行，处理量大，是现在城市垃圾处理的一种主要方法。但是它的缺点也很明显：一是造成二次污染，特别是垃圾中的一些有毒有害物质填埋腐烂后，渗透到地下，引起地下水的污染；同时产生的一些有害气体造成环境的二次污染。二是达不到无害化、减量化、资源化这垃圾处理的“三化”原则，填埋实际上是把现在的问题推到将来处理。三是难以选址，老百姓意见大。焚烧法是最有效的方法，使城市垃圾处理基本上达到了减量化、无害化和资源化的目的。垃圾焚烧后，一般体积可减少90%以上，重量减轻80%以上。垃圾焚烧发电可实现垃圾无害化。因为垃圾在高温（1000℃左右）下焚烧，可进行灭菌和分解有害物质，且尾气经净化处理达标后排放，实现较彻底的无害化。垃圾焚烧后产生的热能可用于发电供热，实现了资源的综合利用。

城市生活垃圾焚烧发电技术，在国外已有40多年的历史。目前，我国的垃圾焚烧发电供热事业已纳入产业化轨道，其发展势头迅猛。全国许多城市都有发展规划，深圳等城市已经有垃圾焚烧的成功经验，邻市义乌市也已实现了垃圾发电。利用垃圾焚烧技术处理城市垃圾，已被越来越多的城市所采纳。

垃圾焚烧发电供热工程是一个社会公益和环保事业，它的实施需得到政府及有关部门的支持配合，政府应加大力度，研究落实扶持政策。本着“谁污染、谁处理”的原则，对垃圾产生单位和市民应收取一定的垃圾处理费，补贴给垃圾焚烧发电厂。如，义乌处理每吨垃圾，政府补贴为50元，上海达112元，深圳90多元。从我市的情况看，政府补贴搞焚烧发电，虽然财政压力较大，但这是一条迟早要走的路。早一点决策，有利于建立一种机制，也可以早一点解决城乡一体化进程中的这一大问题。

四、结论性建议

1. 在目前情况下，综合决策建设热电项目，既是现实需要，也是长远可持续发展的需要。所谓现实需要：一是可以缓解我市电力严重紧缺的局面；二是在当前形势下，易得到方方面面的支持，上级审批和电力上网等都易协调解决，同时也易得到老百姓的支持。所谓长远需要就是，即使到了全国性电力不紧张的时候，热电联产项目也是工业化、城市化发展中必然要决策的投资项目，热电联动结合垃圾焚烧，是综合效益较好的建设项目。

2. 热电厂审批和建设期较长，为保护和引导好我市企业家的投资热情，避免决策片面和不周全，市九套班子应对此做一次专题研究，做出综合决策，在此基础上开展项目申报、规划定点等各项工作。

3.当前情况下可考虑先在竹溪工业区、城西工业区和六石工业区等三个位置范围内进行比选、论证，择一建设热电项目。

4.政府应发挥规划和协调作用。一经确定办热电厂后，政府要引导、安排用热需求大的企业，相对集中于热电厂周围。

5.此事不能拖而不议，议而不决，不然要失去热电规划建设良机。

从税收结构看我市经济结构的问题

为研究我市经济发展的特点和未来趋势，最近，由市人大牵头，有关部门参与，对全市经济和税收方面的情况做了调研。从调研提供的有关税收数据中，我发现有两个问题很值得重视和研究：

一是规模以上企业上缴税收占全部工业上缴税收比重过大，对规模以下企业的培育任重道远。2003 年，全市 9.5871 亿元税收中，规模以上企业上缴国地税 4.838 亿元，占总税收的 50.448%，占工业企业上缴总税收 5.8117 亿的 83.245%。而规模以上企业的产值为 113.6447 亿元，只占总工业产值 414.2 亿元的 27.43%。规模以上企业产值税收比率为 4.257%，而规模以下企业产值 300 亿元，其税收仅 9737 万元，产值税收比率仅 0.325%。虽说规模以下企业所报出的产值水分较大是众所周知的，但税收产值比率如此之低，还是使人无法接受和理解，即使真实的产值只有 100 亿元，其产值税收比率也只有0.9737%，还是太低。这里至少有两个问题值得研究和重视：其一，对规模以下企业的培育，仍是当前和今后相当重要的工作之一。没有一大批小企业的发展、培育和壮大，就不可能有一批规模以上企业的生成，我市经济增长和税收增长就会缺少源泉。其二，对我市小企业的管理和服务亟待加强。小企业从小到大，更需要政府和社会创造一个宽松的发展环境，有一个帮助成长的氛围。这个环境和氛围不应该总是通过对涉企部门的思想教育和道德感召来形成。而是应该通过宽松的发展政策的制订和实施来营造。笔者认为：当前亟待要做的首先是摸清小企业的家底：到底有多少家？有多少产值？能收多少税？家底清了，决策和指导才能有效，在此基础上研究如何培育壮大小企业就会有切实的效果。

二是税收总增量中，大企业、知名"老面孔"企业税收增量比重过大。通过数据可以看出，近年来新办企业及其他小企业的投入产出效果可能不是很好。在 2003 年 1.2288亿元税收增量中，来自工业的税收增量为 5846 万元，占总增量的 47.57%，而其中 19 家产值在亿元以上的大企业增量就达 4623.1 万元，占工业税收增量的 79.08%，且这 19 家亿元以上产值企业中，有 4 家税收负增长,实际是15家企业的增量。再往下看,15家5000万元以上产值企业(其中4家负增长),20家3000万元产值以上企业,合计35家企业新增税收1946.82万元,三项合计达6569.92万元。这说明除这些企业以外的其他产值在3000万元以上的54家企业中,除冀发电器有限公司和润爽日化有限公司属新面孔外,其余均为老面孔。

上述一组数据中,工业税收增量占全市税收总增量比重并不高,且比2002年工业税收增量占总税收增量的比重下降8.73个百分点,这说明工业税收增加牵动税收增长的作用有所减弱。我市主攻“二产”,在今后相当长的时间内是必然的,而且必须如此,工业理应成为经济的主要增长因素。工业税收增量占总税收增量比重不高,表明工业对经济增长的牵动已显露出后劲乏力的状态。2003年财政年度增长率为22.347%,当年税收增长率为14.70%,而工业税收增长率仅为11. 18%。在工业税收增长中,大企业、知名的老企业增长过大,说明“新生力量”对税收贡献不足。这从一个侧面可以看出,这些年,新办企业的投入产出效果还值得研究。从年度增长率看,工业税收增长率低于当年税收增长率,也低于财政总增长率。这都是我们应予关注和值得分析研究的。

当然,这几年税收政策在变动之中,用对比分析的方式看经济发展状态和趋势，不一定能看得准确和正确，但至少是我们思考分析问题的一个视角，是需要认真研究的重要课题。

领导要重视政策的实施与操作

在今年宏观调控的形势下，金融信贷紧张，不但企业领导体验深刻，党政领导的印象也十分深刻。然而，有两则信息很值得我们关注和重视：

1. 据银行系统领导反映，今年全国金融信贷控制总目标是2.6万亿元，按照目前严格掌握信贷的形势看，今年1—7月，全国共贷出1.245万亿。从某种意义上说，按照目前信贷严格掌握的形势看，今年将会出现2.6万亿信贷“用不完指标”的局面。

2. 今年金融宏观调控的一个重要目标，是要压缩中长期贷款。但实际执行的结果是，虽然全国上半年同比少增贷款3501亿元，但中长期贷款同比却多增738亿元。中长期贷款占总贷款的比重从1997年的20%上升到今年3月底的40%。相反，短期贷款少增1684亿元，票据融资少增2128亿元。

这两则信息告诉我们：在目前的体制下，央行或中央政府虽然有一系列宏观调控的要求，但最终的结果却未必如愿。我市金融信贷也有类似情况：1—7 月底，中长期贷款同比增 21.4%，而短期贷款仅增 7.9%。

现实情况告诉我们，任何一级领导，要想做好一件涉及面广的工作，需十分重视操作层面的问题，要看清目标要求会面临的阻力和困难。要不然，原则的要求或大道理的号召，都可能被利益驱动而抛弃。金融政策是如此，其他工作也是如此。

市场建设和商贸培育的若干思考

去年(2005 年)以来,省委、省政府适时做出加快服务业发展的重大部署。在这大背景下,我市在制订《东阳市经济社会发展“十一五”规划》的同时,又分别在做《东阳市服务业“十一五”发展规划》和《东阳市商贸流通发展规划》等专项规划。目前经济社会发展“十一五”规划即将提交市人代会审议通过。两个专项规划已完成初步征求意见,正在修改完善之中。但是,值得重视和研究的问题依然存在,特别是规划目标内容的实施,仍有一个对进度、方法、程度的掌握问题。从大局情况看,我市目前需要认真分析的有两个问题:一是商业步行街的规划建设问题;二是江北商贸发育和场所的建设问题。

第一个问题是对十字街改造后街道太窄的争议及对过去南街、振兴路步行街管理尝试的反思。规划部门的看法是窄一些有利于形成商业氛围;社会各界不少人则认为，现在的规划和建设肯定不对。仁者见仁，智者见智。十字街改造街道的宽窄争议，到现在还未到实践检验的时候。但南街和振兴路搞过的步行街均是失败的。从我们了解到的国内的步行街成功例子看，它们大体有两个特点：

一是人流充足，尤其是外来人口较多，或因是大城市，城市自身人口较多，有足够多的人要到步行街购物或逛街。

二是商品颇具特色，是在全国或某一较大区域内尚无同质竞争的商品街。

我认为，以上两个特点，在一般县级城市都不易具备相应条件。我市振兴路和南街，所售商品的接受者只能是东阳城区人口和农村进城人口，他们为日常生活的需求而购，所用汽车、摩托车或自行车等购物运载工具则随人流动。其中产生冲动性购买欲的人极少。而东阳城区人口和农村进城人口总量并不大，且振兴路和南街所提供的商品中，并没有其他街道或周边县市商店中买不到的特色商品。反观上海南京路、黄山屯溪等步行街，首先有大量的观光客人，在走走看看中产生冲动性购买的人就足以支撑商场、商店的每日销量和销售额。另外它们颇具特色，出售一些其他地方买不到的特产或手工艺品及名牌商品。

东阳的木雕工艺品具备了颇具特色的属性。若放在旅游胜地则可建成一条步行街。但历史形成的木雕厂附近的吴宁东路，既不在旅游胜地旁边，也不是游客的必经之地，因此也不具备建成步行街的条件。

因此，就某种意义讲，县级城市规划建设步行街，若无大量外来游客为前提，可能只是决策规划、建设者们的一厢情愿之作，大部分都难以成功。

第二个问题产生于商贸发育兴盛的思考。多年来，横店集团投资数亿元建设了国际商贸城。建成之初大家都为之高兴。然而，几年下来，没有看到人来人往的局面。当初试图在横店销售国际商品的意愿也未形成良好的局面。思来想去，国际商贸城的不成功，不能说横店人不努力。最大的原因可能还是位置太偏，过往横店的人太少。区位劣势及其他一些条件的不足，终于没能像办工业那样成功，这是天时与地利的不足。从横店国际商贸城问题想开去，我觉得商贸场所的建设还是要分析具体情况，研究场所选择与市场形成的条件和可运用的手段。拿江北与开发区做分析：开发区建设建材市场和针织城可以先建“场”再成“市”。因为它与义乌市场距离更近，交通便利，成功的可能性和把握性要大一些。而江北大卖场的建设情况就不太一样。江北大卖场若以吸引义乌市场经营户为主要卖点，以吸引义乌市场客商为目标，则就与开发区产生同质竞争的问题。若不是这样，以满足江北居住户和东阳农村进城人员消费需求为目的，作为购买对象，则又与现有“好乐多”产生了同质竞争。成功的可能性和把握性大大下降。突出的问题是顾客可能有限。据悉，有领导拟以请“好乐多”迁建的办法建设江北大卖场。笔者以为，站在全市商贸一盘棋的角度看，这种办法也不是好办法，站在经营者以利益驱动为前提来观察，放弃每年有上千万元利润的城中“好乐多”，建设江北“好乐多”的可能性不会太大。经营者若做这样的决策，在我看来并非明智之举。有多个市外投资者放弃到江北投资建设大卖场，主要原因无疑是看不到建设市场可产生利益的前景，因为江北市场购买力尚未形成，这就说明：站在我们自己的角度看，江北商贸业要分两步走，第一步先以满足江北现居住人口生活方便为目标培育市场，通过一定的时间和努力，集聚人气。在此前提下再走第二步，因势利导建设大卖场这样的大型商贸设施，也只有这样才能产生经济效益。这两步是互为因果的。没有第一步，若先走第二步，很有可能出现有“场”无“市”的局面。当然，先走第二步还会出现种种变数，使政府的打算落空。

由此可见,在总战略正确的前提下,在某一时间阶段内,方法步骤也会对结果起决定性作用。这与近些年我市主攻“二产”、兴工强市战略的实施结果类似。

数字的逻辑与逻辑的数字

数字是枯燥的，但它有内在的逻辑关系。如东家生男，李家生女，看似毫无联系，但如果从整体来看，男女比例计算时总是约为 1∶1，这就是大自然规律显现的数字逻辑。男女的人口比例如此，经济社会发展的一些数据也是如此。又正因为如此，统计才成为一门科学。如果某些数字出现严重背离逻辑的情况，我们就可以从中发现不符合规律发展的问题。年底将近(2004 年)，回首一年的工作，总结一年的成效，很有必要了解和掌握有关数字的逻辑关系。

GDP 是多少及增幅有多少，是衡量一个地区或一个国家经济状态的重要数据。而 GDP 与用电量之间存在十分明显的逻辑关系，一般而言，每 1 千瓦时的电量能产生 7—8 元人民币 GDP。2003 年，浙江省 GDP(9395 亿元，校核公布数)与用电量(1242 亿千瓦时)之比为 7.56，所以按用电量与GDP的逻辑关系看我市的GDP,其真实数据并不是现行统计公布值,从历年统计数与用电量的对应逻辑上,关系可以看得很清楚,水分是1992—1996年进去的。借助数字的逻辑,我们可以得到逻辑的数据。比如知道我市总用电量,就可大致判断GDP总量。若今年实际用电量增2亿千瓦时,则GDP增量大致为16亿元。判断今年GDP增长量以用电量增长为依据,应该比统计报表更可靠。

其次,用电量与财政税收之间也存在一个逻辑关系。一般而言,每1千瓦时用电量,约可产生1元税收或财政总收入。所以知道一个地区的全社会用电量,大约就可以知道该区域税收量(特殊情况除外,如兰溪因有大型铝冶炼厂用电量特大)。供电部门的同志常说,他们可推算年度可收多少税,根据就在于他们了解、熟悉这种逻辑关系。

经济的增长与税收的增长之间也有一个逻辑关系。一般GDP增长1个百分点,税收增长1.2—1.6个百分点比较合理,这是经济学家拉弗研究的成果,称为“拉弗曲线”。高于这个幅度征收税收,就会影响经济的正常发展。

事实上党和政府把年度的经济增长目标设定在7%—8%,也是因为考虑到增长目标设定过高所产生的诸如资金供应、货币投放、原材料供应、交通运输紧张、物价上涨和增长目标设定过低所产生的无法满足就业需求、通缩等问题之间的逻辑关系，将造成国民经济的波动和社会的不稳定。

认识和了解数字的逻辑，就可以把握逻辑的数字。这对掌握和分析区域经济是十分有益的。

工业经济转型升级为什么必须着力产业链研究

近年来，国家要求经济发展要着力转型升级，这是因为改革开放以来，工业经济发展过程中曾一度依靠大投入、高消耗推动大发展的模式，已难以为继。这种发展模式，虽然壮大了经济规模，使中国成为世界制造业大国，但由此而带来的资源大量消耗和浪费，环境污染的加剧，给人民生产生活和经济进一步发展造成了极大的困扰和压力，同时也给世界其他国家经济造成了巨大的冲击，加大了贸易摩擦和争端。

转型升级，就是要求经济发展尤其是工业经济发展，要力争走少投入、多产出、低污染、高效益的路子。尽管这一转变很难，但国家战略部署不会改变。在这一大背景下，国家出台了一系列淘汰落后产能、加大污染治理的改革措施。各省区市也相继出台如“五水共治”“三改一拆”

“低效工业用地清理”等政策措施，以具体落实国家总体要求。今年8月6日，工信部公布了2014年首批淘汰落后和过剩产能的企业名单，涉及15个行业1178家企业。可以肯定，还会有第二批、第三批。在转型升级大背景下，如何更好更快地发展工业经济？这是企业和政府都十分重视的问题。笔者认为，必须着力研究产业链。

原因在于，在转型升级的大背景下，一定会产生两个必然：一是必然有一批企业会被淘汰。因为已经存在的过剩或超过剩产能若不淘汰一批，整体经济已无法走上健康发展的轨道。二是存在的企业必然要在减少物耗、能耗和污染上付出巨大成本代价，并以此赢得在国内国际经济竞争的舞台上公平竞争的通行证。因此，无论是企业还是政府，对已经存在的企业如何生存发展，对拟投入的项目能否发展，都必须有一个审时度势的分析研究。必须看清楚现存的经济实体中，哪些是国家期待做减法或要淘汰的，哪些是继续鼓励和支持发展的。如国家对钢铁、电解铝、水泥、平板玻璃行业，都在要求大力度降低产能，那我们就必须主动整合转型。若是新建项目，那就必须看清楚国内国际总产业、产能状态如何，与同行地区或企业比较，上某个项目有哪些优势劣势，如若投产，有多少能在竞争中胜出的把握。当前的问题是无论企业或政府，这类研究均略显不足。

以磁钢产品生产为例。东阳，尤其横店被誉称为世界磁都，东磁公司几十年能稳步发展，也确实依赖磁钢生产经营获取过丰厚的利润，上缴了可观的税收。但许多人不知道的是，从2008年到2013年，东磁公司永磁与软磁平均年增长仅8.07%，为什么身为国内领军企业的东磁，没有达到15%—20%的增长？从产业链角度分析其原因，可以得到两个结论：一是该产业应用市场总容量不大。据悉，全世界2013年永磁总产量约为78万吨，中国约60万吨，以能比同行卖更高价的东磁平均销售价1.4万元/吨计算，总需求量约为110亿元，而全球总产能已有110万吨左右，产能超30%左右，全球产能利用率平均仅70%左右。东磁永磁产量约11万吨，产量占国内比重为18%，产能利用率2013年为83%。软磁全球总产能为50多万吨，市场用量约为30万吨，国内产量约20万吨，以均价3万元/吨计，市场容量约90亿元，产能超40%，产能利用率仅56%。东磁公司软磁销售总产量为2万吨，产能利用率为66.7%，产量占国内比重约为9%。由此可见，全球总量约200亿的市场中，东磁不但总量大，产能利用率也比较高，显然，总体竞争力名列前茅。二是应用市场已近增长极限。虽然东磁在这个领域的竞争力比较强，产能利用率比同行要高，但多年来平均增幅也不高，显然市场竞争已经饱和。所以，据此分析大体可知，欲希望东磁磁钢年平均增长达到15%—20%，几近没有可能。其原因是应用市场已到了增长极限，企业竞争大格局已定。通过这样分析我们也可知，磁钢产业大发展不太可能。欲新办磁钢厂，若规模不大，当然也有可能通过挤占其他企业市场份额而办好，但大规模投入，一定会被名列前茅的现有企业排挤出市场。

另外，再来看一下横店的医药化工产业。2008年至2013年年平均增长16.13%，而全国同行业年平均增长24.80%，与磁钢产业比，年平均增长达16.13%的医药化工产业属中高速增长。其中普洛股份内的普洛得邦制药年增长则高达25%，与全国产业发展速度同步。究其原因，首先，医药产业市场容量很大，国内总量有2万多亿，据统计，2013年原料药3954亿，化学制剂5931亿，中成药5242亿，生物制剂2465亿。在我国经济快速发展背景下，人们对健康的消费需求旺盛，所以给医药企业带来了较长时间的成长机遇。未来3—5年，医药行业是大洗牌大整合的时期，因为医化企业在转型升级的大要求下，必须解决污染治理问题。哪个企业能主动掌握治污新技术，舍得投入，并严格自觉地依法经营，哪个就能赢得发展先机。

横店集团医化产业的目标是与国际标准接轨，到 2020 年医化销售达 100 亿元，利润 10 亿元，上市公司市值 200 亿元。

还有两个值得分析的产业是白炭黑产业和照明产业。白炭黑这个产业的产品应用十分广泛，可用在橡胶工业、汽车制造业，也可用于食品工业、医药产业。用量也很大，全国用量为 150 万—180 万吨。白炭黑生产分沉淀法和气相法两种工艺。我国 85%以上产能为沉淀法，产品为中低档，价格在 4000—6000 元/吨；气相法生产中高档产品，价格高一些。横店集团下属企业英洛华硅材料有限公司用沉淀法生产白炭黑已有 20 多年历史，产品质量好，客户信用度高，年产量约 1.6 万吨，销售额约 8000 万元。由于生产所需的主要原材料泡化碱和煤等，都需要从较远距离运来，而产品又呈粉末状，因此运输费用很高，超过销售收入的 5%，总体生产成本与福建等地的同行比，每吨产品要高 500—600 元。因此，辛苦一年大约总在盈亏平衡点附近。气相法及其他高档产品生产技术不容易掌握，国内每年进口 7 万—8 万吨，而出口 30 万—40 万吨，属于低档或中低档产品。所以看起来市场用量很大，应用很广，但企业在横店或东阳生产中低档产品，则只能像农民种粮“能糊口而难以养家”。多年以来，该企业没有在掌握高端生产技术上下足功夫，至今进退两难。

与白炭黑生产完全不一样的是横店的照明产业，从一开始就紧盯先进技术，努力与国际标准接轨，先后与飞利浦、松下等照明企业合作。近些年在技术上、管理上一直走在全国同行的先列，从 2008 年到 2013 年保持年均25.53％的增幅。照明产业这几年刚好处于节能灯全面取代白炽灯、LED 灯逐渐取代节能灯的历史时期，加之得邦照明在技术、管理上的超前，产生巨大的发展动力。

从上述实例分析可知，无论企业还是政府，在转型升级大背景下，欲求得更快更好的发展，一定要认真研究产业链，分析产业宏观大趋势，研究微观小现状。只停留在项目的重视和推动，只看到很多有利的一面，期待更快发展的愿望就很有可能被已经形成了产业发展规律的现实击得粉碎。就政府和大型企业集团而论，一定要了解和熟知现在的工业经济，与十年、二十年前的工业经济背景完全不同。因此，推动发展理念、思路、方法的较大转变，研究新的背景下如何发展的思路，都显得非常重要。

目标、指标及加快发展的逻辑性条件

我市党代会、人代会相继圆满闭幕，带给人们的喜悦和兴奋是不言而喻的。因为“两代会”不但一扫以往选举的乱象，而且确定了切合东阳实际的奋斗和追赶目标。沉浸在喜悦中，思考着“两代会”确定的目标和经济社会发展指标，深深感到，要完成目标任务的压力不轻。目标、指标背后的逻辑性条件如何创造并实现之，这是每一个期盼东阳又好又快发展的人不得不思考和研究并为之努力的。

首先看“晋级升位”总目标。升位就是在百强县排名中位次前移。2005 年，我市在百强县的排名是第 85 位，在浙江进入百强县的 30 个县市中，居宁海、临安之前，列桐庐、新昌、象山、奉化之后。2005 年，排位在东阳之前的桐庐、新昌人均 GDP 分别为 26170 元、26986 元，人均财政总收入分别为 2600 元、2626 元，而东阳 2006 年只有 22884 元和 2107 元。所以赶超新昌和桐庐还有一定难度。相反在东阳之后的宁海、临安2005年人均GDP已达22227元和25978元，人均财政2837元和2272元，综合指标很有可能赶上并超过东阳。

其次，看“两代会”确定的主要目标，GDP增13%以上，财政总收入增15%以上。GDP增13%以上已经没有可留有余地的因素了，2007年净增GDP需达26亿—27亿元（现价）。财政收入的实际目标是力争超20亿元，增幅事实上必须在19%以上。

经济指标的实现是需要研究逻辑性条件的。欲实现GDP和财政总收入目标，按逻辑性条件分析，必须有足够的固定资产投入和用电量增长，以及足够的消费和外贸出口的拉动。从投入的角度看，经济学上有一个“增量资本产出率”概念，即：一定量的GDP新增量，必须有一定量的固定资产投资。2000年至2005年，全国增量资本产出率为4.33，浙江为3.51，东阳是3.5。就是说，从往年综合平均看，每产出1元GDP新增值，东阳约需3.5元的全社会固定资产投入。从这个概念出发，2007年全市欲实现26亿—27亿元GDP增量，需要有90亿—95亿元的全社会固定资产投入，固定资产投资增幅应达24.7%—31.6%，而限额以上投资（近年约占东阳全社会固定资产投资83%左右）需达75亿—79亿元。当然，若努力提高投资效率，提高产出效益，增量资本产出率可以低一点，比如从 3.5 下降到 3 左右。即使是 3，要实现新增 GDP 26 亿—27 亿元目标，也需要 78 亿—81 亿元全社会固定资产投入，限额以上投资必须达 65 亿—67 亿元，增幅至少须达到 7.6%—11.7%。所以政府提出了固定资产投资增长 10% 以上的指标。了解了总量目标还需要分析各产业增加投入的必要性和可能性。从东阳的实际看，重点当然应在“二产”，尤其是工业投资上，除此别无他途。因为在宏观调控的背景下，大规模基础设施建设已经不太可能，政府性投资只会比上一年有所减少，由于新土地政策的实行，政府性建设资金减少。商贸新市的基建已基本完成，2007 年则将重点转向装潢和开业。因此，工业投入如果没有大幅增长，总目标就将落空。

此外，需要足够的用电量增长。2006 年全国电力消费弹性系数为 1.33，即 GDP 每增长 1 个百分点，全社会用电量需增 1.33 个百分点。浙江“十五”期间平均为 1.32，东阳 2006 年电力消费弹性系数为 1.287。假如电力消费弹性系数不变，当 GDP 增幅在 13.5%时，用电量增幅须达 17.37%。若 GDP 增长为 14%，则用电量增长须达 18%，全社会用电量接近或达到 20 亿千瓦时，才能达到 GDP 增长目标。同理，若电力增幅只能保持 2006 年 15.7%的水平，则可以肯定地说，GDP 要达 13％以上的增幅是极为困难的。

电力较大幅度的增长点可能在：第一，世贸城市场开业拉动商业用电量增长，增幅可能较大，但净增量不大。第二，工业的用电量占 74％左右，既是大头，也是重点。工业项目多了，投资大了，用电量才能上去。第三，需要外贸出口的拉动和消费的拉动。东阳不少企业是生产外贸产品的，外贸企业保持 15％以上的增长，不但对工业增长目标 20％以上是至关重要的，而且与就业和进一步招商引资都有很大的关联性。至于消费对生产的推动则比较容易理解，没有足够的社会消费量，就会产生产品的滞销和积压，造成生产萎缩的局面，就会缺少三大产业的理想增长。2006 年我市城乡居民仅汽车消费就给市财政带来 6675 万元的车购税，比 2005 年增长 581％，单项净增 5500 多万元，占我市全年国税净增收入 1.77 亿元的 28％。这足以说明消费对税收的直接影响。

总而言之，完成“两代会”确定的目标任务，必须研究和实现指标的逻辑性条件，逐一分析和细化并狠抓落实。在国家继续实现宏观调控背景下，要创造并完成逻辑性条件当然不可能很轻松。但从东阳各方面情况看，经过努力也是完全可能实现的。比如固定资产投资方面，2006 年，我市金融机构加大了对地方经济尤其是对工业经济的支持力度，新增存贷比从不到30%上升到了64.6%。若新一年中总存款保持或超过2006年增长水平，则新增存款就可达36亿元，新增存贷比若达70%，新增贷款就可达25.5亿元，若总存贷比从2006年的67.91%上升到75%，则全年就可增42亿元贷款，这样投资的资金环境就比较宽松了，增加投资就有可能实现。所有这一切当然需要政府、相关部门、企业家和社会各界有“咬定青山不放松”的工作精神，还需要扎实的工作作风。

思路已经明确，目标已经确定，接下去的就是去有效地落实。克服困难奋力追赶，务求实效，我们只能这样做。

发表于2007年3月7日《东阳日报》

关于“十一五”发展主要指标设定及可达性分析

在规划“十一五”发展目标时，涉及有关经济社会发展指标设定的科学性和合理性问题。从大道理上讲，指标既不能过高，以免导致经过努力难以实现；也不能过低，五年的任务目标三年就轻易实现了。那么，什么样的指标设定算基本科学合理呢？我认为，满足以下三个条件，可能算是基本合理：

第一，应以现实为基础，与发展趋势相吻合。

以电力增长为例，我市“八五”平均增长 17.9%，“九五”平均增 13.5%，“十五”前四年平均增 15%。其中 2003 年拉限电 0.98 亿千瓦时，统计增幅 17.91%，因自发电（以损电量 50%被自发计，下同），实际增幅约为 23.4%。同理，2004 年拉限电损电量 1.91 亿千瓦时，其实际增幅应为 13.86%。2005 年 1—9 月统计增幅为 27.5%，预计全年增幅可达25%左右;实际上,若考虑上年自发电因素的基础,2005年1—9月的增幅应为12%—13%。“十五”期间平均电力增幅约为16.5%,如表一。

表一

单位:亿千瓦时

年份	2000	2001	2002	2003	2004	2005
全社会用电量	6.6408	7.5920	8.9623	10.5678	11.636	14.5
自发电				约0.49	0.955	
增幅		14.32%	18.05	17.91%	10.1%	16.5
				实际 23.4%	实际 13.86%	

全市从“八五”到“十五”,虽然当年电力增长有超过20%的年份,但综合平均看都没超过20%。“九五”时期因受宏观调控仅13.5%,“十五”时期虽有2003年的较高增长,但2004年以来实际增幅并不高。据供电部门反映,2004年变压器等用电业扩仅12.915万千伏安,比2003年的15.241万千伏安下降约15.26%,2005年1—9月业扩仅9.8168万千伏安,比2004年再降14.67%。这说明在宏观调控的背景下,东阳电力增长受到严重影响。因此综合分析“十一五”时期的电力增长,设定指标以15%左右较妥。

从全市“八五”“九五”“十五”前四年税收情况看，每个五年计划年均增幅分别为17.4%、19.7%、19.2%，从中可以看出“十一五”税收增幅设定15%，既有可能性，也有一定余地。

虽然从总体上看我市经济已经进入快速发展阶段，但在国家和谐发展的总体要求下，再加上结构调整，可能需要放慢速度，因此，电力增长和税收增长不可能太高。

第二，应符合发展的逻辑关系，指标之间应可相互印证。

数字是枯燥的，但它也是鲜活的。由于经济发展的内在规律，数字之间有严密的逻辑关系。比如，电力与工业增加值，与GDP、税收都有这样的逻辑关系。

2004年浙江省国民经济电耗强度(即每万元GDP综合电耗)为1263千瓦时，比“九五”期间平均1010千瓦时有所上升；万元工业增加值电耗为2063千瓦时。换一种说法就是，全省2004年每1千瓦时电产出7.92元GDP，产出工业增加值5.26元(详见《2004年浙江省能源与利用状况》，选自《浙江节能》2005年第4期)。我市今年1—9月份规模以上工业产值为116.834亿元，耗电量为5.2444亿千瓦时，折算成工业增加值约为27.46亿元，每千瓦时电耗产出5.2353元增加值，与全省发展状态非常吻合。

所以全市去年实际用电量为12.591亿千瓦时左右，而GDP为171.3亿元是不符合逻辑的数据。即使我市产业结构耗电量省一些，根据有关专家研究，在我国及我省现有生产力水平和科技水平条件下，每1千瓦时电产出也不会超过10元GDP。因此，我市GDP的真家底最多为125亿—130亿元（自发电按损电量的70%计，则全市实际用电量为12.937亿千瓦时，GDP约为130亿元）。

2000—2003年浙江省电力弹性系数（电力增长幅度与GDP增长幅度之比）分别为1.83、1.40、1.53、1.57，平均为1.5825。这就是说，当电力增长15.8%时，GDP增长10%左右。即使我市经济效益较好，电耗强度较低，电力弹性系数能达到1，则平均电力增幅若为15%，平均GDP增幅也只能为15%；若电力弹性系数为1.5，则GDP增幅更只能为10%。因此，若以电力弹性系数为1，则2006—2010年间的电力增长和总量、GDP增长和总量数据，如表二。

表二

指标＼年份	2005	2006	2007	2008	2009	2010
电力增幅（%）		15	15	15	15	15
电力总量（亿千瓦时）	14.5	16.675	19.176	22.052	25.36	29.165

续　表

年份 / 指标	2005	2006	2007	2008	2009	2010
GDP 增幅(%)		15	15	15	15	15
GDP 总量(亿元)	143.75	165.54	190.37	218.93	251.77	289.53

实际上，电力与税收的关系也有十分规律的逻辑关系。由于县级税收结构有自己的特点，一般而言，每 1 千瓦时电耗应产生 1 元左右的税收(或财政收入)。因此，到"十一五"期末，若电力达到 29 亿千瓦时左右，那么税收(或财政)也应有 29 亿元左右。

当然，东阳还有一个回避不了的问题要考虑，这就是 GDP 以何值为基数。东阳 GDP 有水分，这是大家都清楚的，有 40 多亿元，在 1992—1996 年间进入。若不砍现有统计值做基数，增幅参照金华市的 12%，则到 2010 年的 GDP 值如表三。

表三

年份	2004	2005	2006	2007	2008	2009	2010
增幅(%)	12	12	12	12	12	12	12
GDP 总量(亿元)	171.3	191.86	214.88	240.66	269.54	301.89	338.12

按一般惯例,金华若定12%的GDP增幅,我市及其他县市都可能比此增幅略高,如12.5%,则年度GDP总量如表四。

表四

年份	2004	2005	2006	2007	2008	2009	2010
GDP总量(亿元)	171.3	192.71	216.8	243.90	274.39	308.69	347.27

而347.27亿元GDP总量相当于以130亿元基数条件下18%左右的增长幅度,如表五。

表五

年份	2004	2005	2006	2007	2008	2009	2010
增幅(%)	18	18	18	18	18	18	18
GDP总量(亿元)	130	153.4	181.01	213.59	252.04	297.41	350.94

按前面分析计算,GDP若达350亿元,按最低耗电强度推算也应有35亿千瓦时左右的电量供给,那么电力增长幅度五年平均应达20%以上。可见这样的增幅可达性并不强。

第三,增长应与发展所能提供的条件相配套。

除了上面已经分析到的电力与经济发展要配套外,投资也是重要的配套条件。经济学上投入与产出的关系一般用增量资本产出率(ICOR)表示。

2000 年以来浙江省增量资本产出率分别是 3.9、3.43、3.12、3.28，平均为 3.43，即每新增 1 元 GDP 需要 3.43 元的投资才行。东阳市 2000—2004 年增量资本产出率分别为 3.12、4.27、3.73、3.19、2.65，平均为 3.39。我市即使按 3 元计，从 2006 年到 2010 年，GDP 若要达 289.53 亿元，也需投资 436.74 亿元，年均 87.35 亿元；若要达到 350.94 亿元，更需 592.62 亿元投资，年均投入 118.52 亿元。

从投资与存款的角度看，GDP 达 289.53 亿元目标时，民间还需有 4.49 倍银行平均存款，需要 6.62 倍银行平均的投入才行。这说明完成 289.53 亿元的目标任务压力已很大，而 350.94 亿元目标可达性很小。

2000—2004 年我市金融部门合计新增存款仅 97.28 亿元，年平均 19.46 亿元；合计新增贷款仅 66.02 亿元，年平均 13.20 亿元，如表六。

表六

年份	2000	2001	2002	2003	2004	五年合计	年平均
年增存款(亿元)	11.88	15.20	25.71	31.43	13.06	97.28	19.46

续 表

年份	2000	2001	2002	2003	2004	五年合计	年平均
年增贷款（亿元）	7.82	6.08	15.64	19.11	17.00	66.02	13.20

从上述分析我们可以看出，东阳GDP增长若以现有统计值为基数，要增长12.5%是困难的。而以2004年实际GDP约130亿元为基数，增幅达15%左右还是有可能的，但有压力。而130亿元为基数的15%实际上仅相当于以171.3亿元为基数的9%左右，如表七。

表七

名称＼年份	2004	2005	2006	2007	2008	2009	2010
增幅（%）	9	9	9	9	9	9	9
GDP总量（亿元）	171.30	186.72	203.52	221.84	241.80	263.57	287.29

换句话说就是，若以现有统计数为发展基数，东阳未来发展的真实增幅，只能设定为9%左右。这样，实际经济增长也已在平均15%的高位，且应以平均15%—20%的电力增长和每年80亿—90亿元总投资作为配套条件才能实现。

发表于2005年11月4日《东阳发展动态》

区域经济发展阶段性和规律性的认识与驾驭

一个乡镇、一个县市，乃至一个国家的经济发展是有阶段性及规律性的。认识一个区域的经济发展阶段性和规律性，这对身为区域党政负责人及其他从事经济工作和肩负经济社会发展责任的干部们是十分重要的。整体而言，我国已进入工业化中期阶段。浙江省也处于这一阶段。然而，仔细分析起来，如果将中期再分为前中、中、后中三期，则东阳就属前中阶段，义乌则属后中阶段。中国社会科学院经济学部课题组曾对我国工业发展水平做了评价，提出了评价指标与标准。(参见《新华文摘》2008 年第 1 期)该标准提出，工业化中期有四大指标：一是人均 GDP(按 2005 年汇率计算)为 2980—5960 美元；二是制造业占 GDP 比重为 40%—50%；三是城市化水平达 50%—60%；四是“一产”从业人员比重在 30%—45%。以 2007

年统计指标计核，东阳市人均 GDP 为 26212 元人民币，按 2007 年汇率中间价折算为 3447.35 美元，按 2005 年汇率中间价 8.19 元折算为 3200 美元。显然，此项我市属前中阶段。2007 年东阳制造业增加值为 96.5 亿元，占 GDP 比重为 45.9%，从此项指标看我市处于中阶段。但实际上东阳 GDP 尚有水分，规模以上工业产值 224.18 亿元加上规模以下工业产值 95.8 亿元，则工业产值共 319.98 亿元（为计算方便按 320 亿元计）。按统计部门百亿工业产值的增加值一般为 22 亿—25 亿元推算，东阳实际工业增加值为 70.4 亿—80 亿元。取平均百亿工业产值 23.5 亿元增加值计算实为 75.2 亿元，则实际 GDP 应为 188.92 亿元，制造业实际占 GDP 比为 40%左右，所以第二项也应在前中阶段。第三项城市化为 51%。第四项“一产”从业人员比率有两个数据，一为 9.3 万人，占 58.38 万从业人员的 15.93%，另一数据为 45.15 万农村劳动结构中，“一产”劳力为 17.65 万，占 39.09%，笔者认为“一产”劳力为 17.65 万比较可信，也与其他数据相吻合。

所以从四大数据看，东阳居工业化中期的前中阶段，而浙江处于中期的中间阶段，义乌、慈溪、余姚等县市则已处于中期的后中阶段。

处于前中与处于后中阶段有什么不同呢？据笔者观

察，除了经济总量GDP、人均GDP、财政总收入及人均财政收入等有较大的差距外，主要是工业化发展程度偏低，人均工业产值、人均工业用电量均与后中阶段的县市有较大的差距。与此关联的是城市化水平也低些，"一产"从业人员也多些。从制造业生产状态看，居前中县市的企业明显地处于工业零部件制造状态，而后中阶段的则有较多的终端产品生产和销售。2006年东阳终端产品只有服装6138万件，家具38.1万件，手工工具1863.09万把。而我省慈溪市的终端产品则有电风扇306.64万台，吸排油烟机38.12万台，吸尘器174.57万台，家用洗衣机846.1万台，家用电冰箱113.95万台，空调器30.85万台，摩托车21.98万辆等。

不要小看产品生产是中间零部件与终端产品的区别，它实际上就像挑砖头的小工或垒砖头的泥工，与房产建筑承包商乃至房地产开发商的差别。如果一个区域的企业生产的大部分产品是零部件等中间产品，那么该地区的经济必然会有如下特征：一是投入产出率比较低，即在发展中每投入1元钱，大约只能产出2元不到的产值。经济学界用增量资本产出率来衡量。2002年至2006年5年平均，东阳需3.425元全社会固定资产的投入才能产出1元GDP新增量，而慈溪市则只需2.716元投入就可产出1元

GDP。这就好比挑砖头的小工，流下大把大把的汗水以后，一天可能仅得50元工资，而项目经理不出汗不出大力，只需付出脑力劳动，每天可能是500元工资。

生产中间产品的企业家群体，以赚钱改善生活状态为目的的居多，个人、家庭、企业需要用钱的方面实在还是太多，即厂长一类人，同行就是竞争对手，以竞争取胜为乐。而生产终端产品的则一般已过了个人、家庭需要大把用钱的阶段，同行讲合作双赢，办厂是他的事业，即经理、企业家一类人。从区域经济的中观或宏观上讲，生产中间产品阶段属于大投入、高消耗阶段，到终端产品生产阶段则投入相对可以少一些，消耗可以低一些，开始重视宏观经济环境，讲究自主创新。这正如，一个十七八岁的小伙子，饭吃得多，活动量大，但叫他做事，很多事还不一定干得好，而到了二十七八岁乃至三十四五岁，则综合分析及把握能力都会好得多。

处于工业化前中阶段的县市，区域内原“一产”劳动力比例还较高，城市化水平也不够高，社会整体处于转型期和快速发展期，各种利益诉求和愿望都很强烈，社会矛盾和冲突较多，政府和社会对公共服务和基础设施建设的要求既十分迫切，又常常力不从心，很多事急需办，但总是钱不够用。义乌的建设部门不愁没钱办事，东阳的建设部门既要办事又要筹钱，原因就在于经济发展的阶段性不一样。所以，从发展规律认识出发，再过上五年，东阳政府将会有比较多的钱用于办事，这也是可以乐观地预见的。

当然，从工业化前中阶段到中阶段乃至后中阶段，需要我们付出不懈的努力。首先要抓投入促产出，所以项目是抓手，投入是重点。无论各乡镇还是全市，经济有没有上来，有没有做到别人走一步而我们走一步半或两步，关键看项目和投入抓得怎样。投入当然靠企业，那么政府只能真心真意提供服务。在一线服务的领导干部在抓项目和投入时要注意少听汇报，多察实情。要看厂房和设备增添了多少，要掌握变压器安装或扩容了没有，所以要向供电所了解业扩的情况。没有业扩的增加，没有银行贷款的增加，你那个区域经济再增长也没有后续能力。另外也需要了解和掌握外来人员的增加数量，了解用电量、财政税收增长情况，分析本区域人均用电量、人均税收在全市的位次及提高的幅度。

从全市的角度看，如果今年的固定资产投资高于金华平均水平 3—5 个百分点，用电量增长平均高于金华 2—3 个百分点，那么 GDP 和财政税收高于金华平均水平就不成问题了。

认识经济发展阶段性和规律性，对于完成节能降耗、自主创新等任务就会有一个科学客观的认识。可以这样讲，从东阳区域经济实际看，节能降耗是要抓的，加大投入，重视技改是更要抓的，也不要以为用电量增长过快，就是节能降耗工作没做好。同理，自主创新的口号虽然要喊响，但对东阳绝大多数企业来讲，虚心学、跟着干仍然是首要任务。先把蛋糕做大，做大了的企业要力争创造条件，生产出与消费者直接见面的终端产品，现阶段看来，这可能要比创新更重要一些。

发表于 2008 年 5 月 7 日《东阳日报》

董事长对当前和今后一段时期的工作思路

石金玄武岩纤维有限公司从建立至今(2012 年)已经历九个年头,当前正处于一个发展的关键时期。当前和今后一定时间内,必须围绕“满足市场需求,努力开发适销产品,着力抓好内部生产经营管理,千方百计增强自身生存发展实力”为主要着力点开展工作。市场需求是产品开发、技术研发和生产经营管理的前提。当前一定要把已有一定市场基础和销售前景的建筑用纤维及其制品的生产经营抓紧、抓实、抓细、抓好。在推进技术进步的同时,要围绕市场需求和客户反映的问题为重点,将切实解决当前迫切需要解决而且通过努力短期能够解决的问题放在优先解决的位置上,如 400 孔的稳定作业、复合板生产的提速等。与此同时,努力把握国家的支持、扶持政策,适时、适度地开展对中长期产业发展必须解决的技术研发。“积极努力，量力而行，适度可达”，应作为产业发展中研发性技术进步工作需要把握的原则。应发挥好现有技术水平下的产能，通过努力拓展市场，使其产生相应的经济效益，改变辛辛苦苦不赚钱的状态。

要充分预见和判断产业发展过程中的艰难性，不盲目追求在短期内取得突破性进展和爆发式增长。但对现有技术水平下投入的人、机、料等生产要素，以及投入与产出等，都要逻辑地思考、计划、实施。要根据市场的实际情况组织生产、销售，使其产出应有的效益，要合理有效地制定年度、月度和周工作计划，做好目标管理工作。应合理有效地进行过程控制，避免出现无效劳动和有损劳动。当前要特别重视库存产存品的消化，千方百计增加现金流。不然，企业无法转动将为期不远。显然，更不能因为当前产品质量还达不到理想状态，就以此作为市场开拓难、销售增长不能保证的借口。在技术质量逐年进步的现状下，生产和销售必须确保每年都在合理地增长。加强销售工作，必须任务到人、考核到月，坚决兑现既定考核政策。面对干部员工对公司发展前途命运的关心和担忧，一是要理解，不要简单批评；二是要通过工作成效来引导，要通过发展的事实教育和引导人。

要高度重视企业的制度建设，并形成有效运行的机制。近年已逐步建立和完善的各项制度要确保得到实施执行。制度的执行必须领导带头，并且要公开公正，确保奖惩一视同仁。正常情况下，没有设定的奖励不得支出，没有处罚规定的处分不能实施，违反规定的处罚必须坚决落实兑现。在科研课题的立项、评估、批准、实施等工作中，更要按设定的机制运作。内容、目的、时间、投资、风险、责任等应规范，考虑的内容不完整的和未经规定机制集体讨论的，不得批准；未经批准的不得投入试验。制定和修订制度一定要全员参与，几上几下斟酌修改。制度一般每年修订一次，特殊情况下修订制度的，也必须公示。科学研究和技术进步的科学态度和严谨作风，要靠制度来保证，要靠机制来培养和塑造。公司要依靠制度和政策强力的推进，形成干部员工积极的工作态度。要形成和谐的人际关系，以培育人、塑造人，进而形成良好的企业文化。

要高度重视经济规律在企业生产经营中的运用，必须按照总部对各子公司监管考核的要求，做好企业的运行，推进企业的发展。适时修订已经不适应客观现实的政策制度。要充分认识和理解一般员工的非主人翁思想，要把对工作的要求与所提倡的内容科学区别开来。应努力通过增加员工收入，改善工作生活环境，适度提高人文关怀支出等措施，增加向心力、凝聚力。

要继续大胆培养使用年轻人，尊重有经验、有阅历的老年人，重视和培养好承担重任的中年人。公司要通过政策机制，创造好的识人、用人、容人的氛围，坚持德才兼备、以德为重、业绩考核为主的干部考核标准。通过学习培养、压担锻炼，造就一批有素质、有激情、有能力、有水平的干部队伍。当前干部队伍建设要着重在三个方面予以加强：第一，领导干部在理念、方法、能力、素养等各方面率先垂范，使年轻干部、一般员工学有榜样。同时领导干部要保持谦卑的态度，避免用自我感觉良好、以己之长度人之短的心态苛求干部员工。第二，定向培养和岗位履职辅导。对助理、副职岗位的同志，每年至少要安排 1—2 次提升观察力、分析力、综合判断力、处置力等经验的传授和学习培训，对年轻人的进步要及时表扬，对不足和缺点要直率批评。人事部门和公司领导要重视和考察干部的品德、素质，避免用人失误。对方法性不足、经验性不足，要多容忍和帮助提高。第三，抓好业绩水平、能力提升、素质提高的考核、评估。

在融合中吸收企业文化的营养，在建设中发挥个人及团队的作用

在横店集团战略研讨会上，徐永安总裁要求集团和下属企业都应高度重视企业文化建设，并且应做到整体和个体、整体与局部的统一协调。我虽年纪不小，但在横店集团却是个新兵。五年多来，在横店集团这个大集体中，我个人从横店集团企业文化中吸收了很多营养，从而使我在岗位职能工作中，更好地发挥了个人与团队作用。

横店集团的企业文化，有两件事是我深受感动的。第一件是我从机关退居二线到集团工作后，市委、市政府领导曾经要求退居二线到企业工作的同志，要么办理退休手续，要么回机关继续工作。当时，绝大多数退居二线的同志不肯办理手续，有一部分在犹豫观望。在市领导找我谈话时，我则明确表态，愿意办理提前退休手续。我于 2009 年 1 月办好退休手续后，一位横店集团总部领导告诉我，

此前曾有市领导给总部来过电话，要求做我工作，提前办理退休手续。但总部领导并没有将这事告诉我，也没有提什么要求，更没有给我压力，而是让我自己把握抉择。这件事使我更进一步地认识到横店集团企业文化的包容性，感受到总部领导待人处事的理性智慧和尊重人格的宽广胸怀。换位思考，若是我接到这样的电话，一定会跟下属说，甚至于会表态督促办理。这件事让我体会到，横店集团的用人处事，既有严格的纪律约束和工作要求，又有为他人着想和让员工自我约束、自我进步的宽厚的情怀。信任和尊重下属的企业文化，确实能温暖人心。从这件事中，我认识到自身的不足，产生了要以更加饱满的热情去做好工作的意识自觉。同时自己也体会到，即使到了中老年，有了一定的人生阅历，积累了一些工作经验，仍需要不断学习、不断提高。

另一件使我感触颇深的事，是集团下文严禁领导收受下属拜年礼品的规定。逢年过节朋友之间走一走的礼尚往来本属正常，但近些年在某些人身上演变成了不正之风。横店集团出此新招，快刀斩乱麻的一刀切得干脆利落，既减轻了领导的应酬之累，也减轻了下属花钱送礼的压力，把人与人、领导与被领导的关系调整正常了，而且是有效排除现实社会阻力的成功之作。应该说这对集团企业和区域小社会的党风政风民风的正本清源,都产生了行之有效的良好影响,产生了巨大的正能量。从我的角度说,一方面自己拙于社会上那种交往,另一方面自己在行政岗位担任领导职务时也很不喜欢这种用物质交往才能加深的“情感”,更反感一些企业、有的老板逢年过节大赌特赌的企业文化和人际交往模式。所以到横店集团工作后我所能吸收到的正能量,大大增强了我本来做事认真、做人快乐的活力。

从我自己所吸收的企业文化营养想开去,我觉得徐永安总裁要求重视企业文化建设,强调个体与整体、局部与整体协调统一的做法,确是明智之举。

在自己的工作岗位上,我也较重视领导的以身作则和团队的形成合力,比较重视对年轻人的关心、引导、支持,在此条件下要求下属认真做好企业的工作。无论是在自己分管的总部部门还是兼任的下属企业,我都比较重视做“人”的工作。因为在我看来,企业生产经营的所有要素中,人是最重要的要素,用好人这一要素是最核心的工作。

当然,在我们横店集团的企业文化建设中,还有一些问题是可以再研究、再讨论的。一些企业贴了不少醒目的理念性口号标语,但对这些口号的运用条件和阶段性边界性则缺少把握,比如:以人为本的企业管理问题。

就我的观察思考而言，现在有不少领导在企业管理中大讲"以人为本"。从本质上讲，以人为本并没有错，但它是社会管理的高级层面，在国家制度、法律、政策层面上是必须坚持的，而在企业的生产经营层面，以人为本所需要的条件有时则难以具备。首先，企业设立和存在的根本目的，是通过给社会提供优质的产品或服务，从而实现盈利。趋利是企业存在的本质之一，因此"人"在企业经营中需要调度和运用好各种要素，以使产品质量优、成本低，其间一定会有一个调动和要求"人"这个要素发挥最大最好作用的内在客观要求。如果"人"都是高素质、高度自觉的，以人为本就有了前提，而实际上"人"的知识、技能、素质都是参差不齐的，有老员工也有新员工，自觉性差异很大。因此，以最低的制度约束为前提，才是企业在人管理上的最基本的保证，正如社会首先应以法律约束为前提保证，以道德约束为最高境界一样。只要有管理存在，绝对的平等就不可能。所以对企业中的"人"来说，人的平等只能是制度面前的平等。以人为本的泛泛而谈，很容易冲淡以"约束"为前提的企业管理，也会给一些理应比非领导承担更多责任的领导，提供推卸责任的借口。从我观察到的实际情况看，一些经常喊"以人为本"的企业领导，在重大决策过程中也常有不听或少听下属意见建议的情况。坚持"从群众中来到群众中去”的群众路线，似乎已经成了翻过去的老黄历，有的甚至连总部规定的一些流程都不走就将决策付诸实施了，以至于发生预期与结果相差很远的情况。所以从根本上讲，如何认识和把握运用“人”这一要素，是很值得思考研究的。从最本质讲，以人为本并没错，但我认为，在企业管理未达到相当高度的时候，我们还是不要高调大谈以人为本为好。企业文化建设一定要高度重视“人”这一要素，但它是分阶段、分层次的。佛教讲“众生平等”，但在现实生活中佛经强调儿女对父母的报恩，“父母所为恭顺不违”。所以企业文化建设的内涵一定要准确表达才对。

再比如，个体、整体协调统一的问题。

我们都受惠于引领横店集团发展的带头人徐文荣和徐永安总裁。集团下属企业有一大批能力强、水平高的带头人，他们发挥了主导企业从小到大、从弱到强的作用。徐永安总裁在战略研讨会上要求，一定要把个人放到集体中，把自己看成一滴水、一粒沙，做到个体与整体的统一协调，让集体的力量战胜一切。我觉得总裁的话讲得很到位。企业文化建设中对“人”这一要素的认识、把握运用，必须注意领导与被领导之间的协调统一。就领导而言，一定要具备并保持自知之明，坚持重大问题走群众路线，使决策的智慧从群众中来、贯彻的力度到群众中去。企业管理中的人均效率如产值、人均销售额、人均毛利净利等，都体现着团队的战斗力和效果。从我的观察和思考看，领导的水平主要应体现在综合水平上，如果只是单项的水平很高很容易使关注点偏离。有的领导自以为样样都能，对每一单项都指示多多、意见多多，这样的企业往往整体战斗力不强、发展不快。所以要想处理好企业文化建设中的整体、个体协调问题，重点在领导要把自己看得渺小一些，多听下属意见建议，多请专业部门的同志先发表意见和看法，最后综合各方面智慧，果断拍板。

有经验的人容易把昨天的成功作为今天和明天的经验，因此也就容易成为今天和明天发展的障碍，这样的例子不少。我觉得企业文化建设是高层次的企业建设内容，每个人都要学习学习再学习，才能进步进步再进步。

数据在诉说什么

最近,媒体在发布一些新闻事件时公布了一些数据。这些看似枯燥的数字,在笔者看来,它是在向人们有条理地诉说一些事实,对这些诉说及对其的思考,愿与众分享:

一是说东莞扫黄后,全国闻风而动,各地立即展开行动。全国扫黄,关停 2410 家涉黄场所,抓获涉黄人员 501 人。从媒体给出的数据,其实可以看出,这一仗打得很不怎么样。因为平均每家涉黄场所只抓获 0.2 个人。这一数字,让许许多多善良的人们可以判断,这次扫黄其实是很失败的。它不但让笔者十分诧异,也一定会让许多人蒙羞。第一,既然说 2410 家场所涉黄,那么这些场所的老板及直接负责人,即使按每家一人计算,也应有 4820 人,如果这些人都闻风而逃,或一半以上都逃之夭夭了,那么我们公安机关这一仗是怎么打的,就很有问责的必要了。首先要问的是,各地公安或政府,是否存在故意放风、让涉案者先逃再撤网的可能性？会不会是有的公安部门早已成了涉黄单位的卧底或同谋，否则一网下去，平均每家涉黄门店只抓获0.2个人？第二，如果那么多的涉案经营者大多负案而逃，那么接下来还要不要追究？我们的政府又要付出多大的代价才能将这些涉黄犯罪的人绳之以法？纳税人的钱花在社会管理上的成本要多大，何时能将税额降到理想的状态？

二是说最近浙江温岭市一制鞋厂发生一场大火，致使16人死亡。为此，温岭市委、市政府采取果断措施，立即关停了4559家制鞋企业，同时关闭了3805家周边的出租私房。这一则新闻诉说了政府部门雷厉风行，管控力度大，连出租房也一并关闭了。16条生命葬身火海的确令人痛心，当地党委、政府的雷厉风行也值得赞扬。使人产生疑问的是，当地在处理这次事件上的雷厉风行，是因为上级领导的震怒，还是人命关天的事件发生后的自觉？若是自觉，那么他们平时是如何履行检察、监督职责的？若是在上级领导震怒下的立即行动，显然他们平时就没有认真履职履责，那么推举他们承担管理社会事务的人民怎么能放心呢，何时能放心呢？

这4559家企业，想必都有或多或少的制鞋职工。若每家企业平均有10名员工，那就是45590人，若平均每家

20 人，那就有 91180 人。另加 3805 家租房户，看来这一关停，近 10 万人的生计立刻就有了问题。正因为此，媒体报道说，2 月 17 日有数千制鞋业主在温岭市的横峰街道办事处门口抗议示威。若因安全问题关停企业会致 10 万人生计受影响，政府在下令关停时，想必应该能想象得到后果，一定不能一刀切。而且这一刀切之后也必须对如何整顿、如何通过验收后恢复生产，有一个明确的标准和时间，不然，不要说制鞋业主因订单索赔等经济官司会出来，更严重的是那么多员工的失业，关系到了数以万计的老百姓的柴米油盐！

我们国家经过三十多年的改革开放，民主法治建设已成就丰硕。企业在设立时应满足什么条件，设立后有关部门应如何依法检查监督，对有问题的企业应如何依法整治或关停，都已有明确的法律法规规定。按道理说，一切都可以有章有法地操作。然而媒体的报道给人的感觉是，雷厉风行是有了，依法行政感似不足了。如此，则这样的事或许今年有、明年还会有。我们社会管理的肌体，好像偶尔还是处于发烧状态而不是健康状态！

第三章

企业管理和行政管理的思考

应慎提“接轨义乌”的口号

近些年来，我市本土经济不但被义乌超过，而且已被永康超过。面对跌居第三的局面，我市干部群众甚为焦急，纷纷向市委、市政府献计献策，希望能通过有效的举措，缩小差距并迎头赶上去。最近(2005 年 7—8 月间)有的同志提出“接轨义乌”的口号，对此，我认为应做必要的分析和研究后再考虑为好，以慎提为妥。

口号作为概括性意志和决心的表达，虽然不可能涵盖全部要求和意义，但总应具备总体的正确性，尤其是若以市委、市政府的名义提出，则就有影响全局的作用。1993—1994 年，在义乌提出“以商兴市”的时候，国家当时提倡“科教兴国”。在研究东阳提什么口号时，我们一些人就提过“以工兴市”的建议，但这个口号并没有被采纳，而是确定了“科教兴市”的口号。直到 1996—1997 年，才改提“主攻二产、兴工强市”的口号。“科教兴市”这一看起来符合中央精神的口号，由于没有切合东阳科技和教育对工业经济推动力不高的实际，而缺乏实质作用力，从某种意义上说，反而是分散了我市集中精力抓工业的注意力，延误了2—3年促进工业化发育和全力推进加快发展的宝贵时机。

今日之义乌，经济社会快速发展，令人羡慕，确实值得我们虚心学习，认真研究，吸取经验。但作为全市性口号，笔者认为有以下问题值得分析和研究：

一是义乌的特点。义乌的发展依靠市场。义乌市场有两个明显的特点：一是丰富的日用品交易，非日用品的半成品或零部件类的工业产品交易极少。二是市场已趋国际化，成交的日用品可以在较短的时间内进入国内国际市场；为市场交易而配套的交通运输业及服务业也发育充分且十分完备。由此，其已具备了两大优势：第一，任何企业、乡镇或县、市、省的日用产品，都可利用这个市场走向全国乃至走向世界。第二，借助义乌市场发育充分的交通运输和服务业，可以生产和经营日用品，或为生产日用品提供原料、半成品服务，也可在市场周边县市办配套性企业。

二是东阳经济结构的特点。东阳有不少与义乌市场一直对接的日用品生产企业和产品。如开发区、江北、六石、吴宁、城东街道办等的针织服装，画水镇一带的绣品、中国结等手工艺品，全市约有50多亿产值。但是在东阳的经济结构中，医药化工、磁性材料和五金机械等100多亿产值的生产企业，则绝大多数是生产原料或零部件产品，它不销往全国消费品市场，只与国内国际重工业企业配套。

问题在于，由于市场机制本身的作用，东阳可与义乌接轨的产品经营，本来早就已经接轨了，而且其间流失了我市不少税收。不能接轨的则大多为非日用品，不但现在无法对接，而且将来也难以对接义乌市场。就东阳市经济份额看，不能接轨的至少要比可接轨的量要多一些。这是由东阳经济结构所决定的。从今后较长一个时期的发展趋势看，义乌市场的特点，必将还是以日用品交易为主题。

因此，我认为，学习义乌、研究义乌是必要的，进市场、搭平台、抓推进也都是十分必要的。但若要提以接轨义乌为主攻方向似乎并不恰当。我们过去讲"融入长三角、接轨全球化"，我想现在还应这样讲为好。

这些年来，东阳经济工作中突出的问题是抓得不实，对市情、企业情的掌握和分析不透、不准。虽常有现场办公会一类的工作措施，但仍没有推动全局性局面的调整。虽有好思路，但仍缺少好抓手，没能产生好效果。如果说，十多年前还老是与义乌较劲争第一的虚名，甚至还不乏对义乌市场“假、冒、伪、劣”产品不屑一顾的麻木，而今天如果因为要学习义乌就提接轨义乌，我想可能显得有些简单化了。

市场经济的政策取向，需要市政府去重视研究宏观或中观的经济政策和措施，需要有高质量的有效组织、大规模的分工，以及方式方法的转换等。从我市许多优惠政策无法得到落实的实际状况想开去，东阳跟义乌的差距，可能应从政府组织市场经济活动的质量和水平的高低等问题中去分析。所以，向义乌学什么，怎么学，本身就是一个问题。我认为要重点学习的应该是义乌政府驾驭市场、把握规律，适时、及时地指导和引导义乌经济进入市场活动的经验。

抛“砖”为了引“玉”，以上看法正确与否，诚盼有识之士共同探讨。

又一个被超纪录

至 2006 年 11 月，我市城乡居民储蓄存款已被永康超过。东阳为 132 亿元，永康为 133 亿元。估计今日这一超，今后将在很长一段时间里，像工业总值、财政税一样，永康都可能会走在东阳的前面，压在东阳的上面。这是东阳又一次被超的纪录。尽管东阳工业经济及财政税收已在前几年被永康超过，但因人口比永康多，在外老板多，城乡居民储蓄存款在此以前也还是比永康多。然而，由于经济规律自身的强大作用，具有本土经济原动力的永康，终于连居民储蓄存款也超过了东阳。这是每一个东阳人，尤其是在东阳从事经济工作的人都必须深刻思考的，也应该因此而奋发努力，振兴图强。

经济发展的“悟”与“定”

任何一个国家或地区，经济发展的快与慢、好与坏，必定与社会安定、人心凝聚相关联。正因为此，在我国，无论是企业家还是党政干部，无不期待所辖企业和地区的经济发展能够更快一些、更好一些。

所谓更快，就是增长幅度更大一些；所谓更好，就是发展是可持续的，高效益的。然而，经济发展到今天，尽管人们都很努力，过去那种 GDP 增长百分之十几、二十几的“高速”日子却已经一去不复返了，随之而来的是相对“中速”的百分之七到八。

是什么原因使努力、期待与现实相脱离了呢？笔者认为，这与时代大背景、大趋势有关。改革开放之前，我国整体处于农业经济和计划经济大格局之中，工业基础相当薄弱。改革开放之初，国家打开市场经济的门，放手发展乡镇工业。所以，哪个地区放手快、起步早，那里的工业经济就发展得快。

在改革开放的第一波，东阳工业发展应该说是走在金华各县市前面。金华市第一个亿元镇就是横店镇，第一个亿元村就是西庄村。曾经的“四学横店”使横店镇在金华和全省名闻遐迩。改革开放初期，工业之所以会有很快的发展，主要是由于人们对工业产品的需求十分强劲，而工业产品的生产供应严重不足，由此产生强大的需求势能。这就是当时所谓的短缺经济时代工业企业快速发展的原因。

2001 年 12 月我国加入 WTO 后，国内经济快速融入全球，形成了工业企业快速发展的第二波。但也正是这第二波的快速发展，我国许多个产业的产量跃居世界第一的同时，形成了明显的产能过剩。国际贸易的摩擦也随之加剧。

从国内看，工业产品供不应求的局面迅速转变为供过于求，伴随而来的是污染严重、生存环境恶化。时至今日，PM2.5 严重超标已成为全国性的环境问题，一些地方的生存与发展成了尖锐的矛盾。环保工作理念，也从“既要金山银山，又要绿水青山”，向“宁要绿水青山，不要金山银山”转变。在这样的背景下，一系列强化管控的法规政策，理所当然地要出台实施。正是基于这种外部环境的变化，企业家们普遍会有这样的感觉:20 世纪八九十年代企业家是红人,而今企业家常常当“孙子”。

由此可见,经济发展的快与慢,首先与“大势”有关。企业家做出不懈努力时,一定要“悟”大势,“识”大势,从而把握它,驾驭它。要顺“势”而为,而不是逆势而行。

企业家做企业,有选择何种产业进入、生产什么产品的投资决策问题,也有如何进行生产经营的企业管理问题。纵观中国企业的发展,凡能成功的都是能够识大势、悟大势、顺势而为的。尤其是这些年来,随着一大批发达国家先进企业的经验和知名专家学者对企业管理的研究成果陆续被介绍到国内来,国内一批专家学者及企业家成功实践的经验,也得以在媒体或有关培训的平台上得到介绍和传播。这一切都使许多企业从原始的探索和积累,走向了管理的“转型升级”,使“土专家”们有了“洋知识”,“乡土文化”与“都市文化”有了接轨与融合。

然而,我们不能不看到,依然有一些企业“长不大”或“长不好”,甚至长大了依然轰然倒下,如曾经的巨人集团、三鹿集团。在东阳也有三特电池、润爽化工、宗苏实业,还有吴英的瞬间闪亮与湮灭。在横店,也有一些企业经营了十几年、二十几年,销售产值还达不到一亿元,有的甚至从曾经的二三亿元跌回到一亿多元。有的起步时发展不错,近年来却增速较慢，很难再上新台阶。在私营企业中，不少企业在做到一两千万元销售额后，多年来就一直停留在原地迈步。

分析这些企业存在的问题，究其原因，笔者以为是“悟”和“定”的问题。

所谓“悟”，就是认知和理解。悟“势”，悟“时”，悟“人”，悟“事”。企业要成功，除了进入一个产业办一个厂时的悟“势”，还有对企业处于什么阶段和什么大背景下的悟“时”；企业团队核心成员与老总的理念是否一致、个性是否相近、脾气是否相投、知识和技能是否互补的悟“人”；以市场拓展为重点还是以技术突破为重点的悟“事”。

所谓“定”，就是悟清悟准适合自己企业特点的管理模式和方法以后，要不犹豫、不摇摆，作为企业文化内核性质的内容不要轻易地变来变去。让人尽其才，物尽其用，使企业具有最强的竞争力和创新力。

有的企业因为“悟”与“定”都存在问题，在管人、管物、管财、管事等方面都有一些明显的薄弱环节，所以出现如上所述的“长不好”的结果。

比如近些年来颇为流行的“以人为本”的管理模式。有的企业为体现“以人为本”的管理理念，搞了很多文娱、体育和亲情类的活动，虽有一定效果，但事实上并没有从根本上激活员工的内在凝聚力和向心力。因为，在工资由领导决定、制度由领导（或公司）制定、考核结果由领导决定的大背景下，“以人为本”只能是口号和表象，本质上却依然是雇佣与被雇佣的关系，员工自然也就无法产生主人翁意识。笔者以为，以人为本，应该是待遇可以协商、制度可以参与制定、考核可以量化计算，且由员工代表依据既定、公开的方式监督结果。

此外，“道”与“术”之间的脱节，也往往使得企业管理的实际效果不佳。有的领导通过培训与学习，引进了一些管理新理念、新做法，但往往并没有弄清楚实施此类新理念、新做法的法治基础与人文背景，以及提供这类新模式的国家或地区的发展阶段。

比如很多企业都很重视6S管理，可是有的企业因为创办时间不长或管理者经验不够，其基本管理制度如产销对接制度、产量质量成本控制考核制度等，都还未真正“成形”。在这样的情况下，采用拿来主义，推行所谓的先进的管理模式，自然会“水土不服”。

有一本书叫《创造高收益的阿米巴模式》，它介绍了日本人稻盛和夫管理日本企业的经验：把整个公司分割成多个被称为阿米巴的小型组织，每个小型组织又都作为一个独立的利润中心，按照一个小企业方式进行独立经营。阿米巴经营是一种管理模式，它似乎是“术”，但它有效实施的前提，在于“追求全体员工物质和精神两方面幸福的同时，为人类社会的进步发展做出了贡献”这个“道”。日本也有很多企业都引入过“阿米巴模式”，但凡是作为单纯的“术”引入的，大体都失败了。

笔者认为，任何企业发展的事、时、势、人都不一样，所以经营企业运用什么管理方式没有固定模式，甚至也没有模式的对错之分。而“悟”与“定”则是每个参与者都应该明白的。

企业管理中有关考核指标的科学设置

成本控制和费用控制是企业管理中的两大重要内容，为达到成本最低，费用最省，提升企业和产品在市场中的竞争力，企业家无不对两大重点内容倾注精力，努力探索，虚心学习。在横店工业企业的学习和调研中，通过与企业家们的交流和分析，我得到了一些收获，收集了一些观点。本文试对工业企业管理中的有关指标如何科学设定，谈一点粗浅的看法。

企业总是追求利润最大化，在有同行竞争的情况下，产品的销售价格受到市场的约束，欲使利润最大化，只能在生产经营管理上下功夫，使其成本最低，经营费用最省。市场化程度高的非垄断产品的生产和销售毛利能达20％—25％，就应该说是很好的产品了。若某一产品毛利在20％，那么欲有5％以上的净利润，就必须控制三项费用在15％以内。三项费用包括营业费用、管理费用和财务费用。营业费用主要指企业在销售商品的过程中发生的费用，包括企业销售商品过程中发生的运输费、装卸费、保险费、展览费和广告费。经过分析了解，营业费用应控制在总销售额的3%或以下。假设企业给销售人员的平均佣金在1%—1.2%，年销售额假如达到一个亿，佣金费用是100万到120万，再加上差旅费、运输费、广告费和应酬费，合计就有300万左右。虽然企业所给的佣金越高，营销人员的积极性越高，但整体营销费超过3%必然就影响企业利润。所以要严格控制营业费用。例如英洛华电气的营业费率在1.26%，这项费率在横店企业当中是控制得非常低的，这就降低了成本。但是这类费用过低，又会导致一些优秀的销售人员离开，从而给企业造成一定程度的损失。所以，严格控制此项费用的企业，应酌情考虑调整到2%—2.5%。一些高于3%的企业进行适当和符合实际情况的调整，是有必要的。管理费用，是指企业为组织和管理企业生产经营所发生的管理费用，包括企业的董事会和行政管理部门在企业的经营管理中发生的，或者应当由企业统一负担的公司经费（包括行政管理部门职工工资、修理费、物料消耗、低值易耗品摊销、办公费和差旅费等）、工会经费、待业保险费、劳动保险费、董事会费、聘请中介机构费、咨询费（含顾问费）、诉讼费、业务招待费、房产税、车船使用税、土地使用税、印花税、技术转让费、矿产资源补偿费、无形资产摊销、职工教育经费、研究与开发费、排污费、存货盘亏或盘盈(不包括应计入营业外支出的存货损失)、计提的坏账准备和存货跌价准备等。对于一个有一定规模且有规范机构和进行科学制度化管理的企业而言,管理费用占企业全年销售净额(扣除折让、折扣后的净额)的5%—6%,也可能是需要的。不言而喻,企业的管理费用过高将导致企业的成本上升;而低于5%可能会使一些规范化管理的经费得不到保障,使企业的管理质量下降。财务费用主要是指企业在生产经营过程中,为筹集资金而发生的各项费用。包括企业生产经营期间发生的利息支出(减利息收入)、汇兑净损失(有的企业如商品流通企业、保险企业进行单独核算,不包括在财务费用中)、金融机构手续费,以及筹资发生的其他财务费用,如债券印刷费、国外借款担保费等。假如企业的总资产是一个亿,其资产负债率在60%—70%时,那么企业的负债资金最多为7000万,如果银行的利率为8%,企业每年应付的利息为500多万。假设企业的总销售额为1.2亿,那么财务费用约占企业销售额的5%—6%。现今情况下,企业资产负债率占70%的不在少数,也就是说财务费用要低于5%的可能性不大。(特别说明:横店个别企业因有资金借给其他企业使用而产生了高于银行利息的收益，使自身企业的财务费用大大下降。）

企业应收账款关系到企业的资金流动性。如果企业有过多和时间过长的应收账款，会使企业流动性资金短缺，增加企业的资金成本，给企业再生产和投资造成极大的困难，从而影响到企业费用的控制。如果应收账款能够及时全额回笼，将能够减少一定的财务费用，企业不需要去借贷来完成其发展。考虑到应收账款和销售人员的关系，各企业应制订一定的奖罚措施，如设60天为账款回笼的理想期限；若超过60天，需销售人员报企业批准，如果企业不批准，超过期限，需要对员工给予付每天利息（以银行利息为基准）的处罚，此利息应是还未收到的应收账款部分。如果超过120天还未收到应收账款，只发销售人员的生活费，并且把催还货款的工作转移至公司法律部，由他们依照法律催讨。在奖励方面，销售人员在60天内回笼资金，奖励其资金的每天利息（以银行利息为基准），例如某销售人员在30天内回笼资金100万，即奖励其30天到60天剩余天数的资金利息（假设银行利率为8%），所以奖励金额为6666元。这样能够有效地调动销售人员的积极性，并促使他们更好、更快地完成任务。既切合实际又环环相扣的考核制度，可使应收账款拖欠的风险降到最低。一般而言，企业的应收账款应在年度销售额的15%以内为好，上限不能超过20%。

存货控制主要在于原材料的控制、产品的控制，以及产成品的控制。因为存货的大量堆积，意味着资金抵押品的堆积，企业无法把产品变成资金来周转，这将和应收账款的不及时回笼造成同样的后果。对于原材料的控制，原材料库存量一般应在15天之间（如无特殊情况）。若原材料价格看涨，采购员需多购入原料，材料库存量增至1个月到2个月为宜（视各个不同企业原材料为准），以便在未来原料价格高时使用低价存货来生产产品。反之亦然，价格看跌时，采购员少采购，库存量缩至一个星期到半个月，在未来持续的低价格中，买入市场上低价的原材料进行生产。对于在产品的控制，因为不同类型的企业有不同的产品生产流程，在产品量的控制视流程长短而定，以每一个流程无产品积压为准则。有关产成品的控制，为了减少产成品的资金占有率，企业应在尽可能短的时间内销完产成品，正常状态下，将产成品压缩在月平均销售额的50%以下为好，即库存产成品不超过半个月的产量。特殊情况另当别论。

我市山区经济发展的调查与思考

前不久(1990 年 7 月),我们会同有关部门对我市山区状况做了一些调查,而后又邀请了市机关有关部门进行座谈分析。现将这次调查座谈的有关情况综合如下:

一、山区经济发展情况和制约因素

1. 山区乡在全市格局中的位置。18 个山区乡总农户为 29649 户,占全市的 14%;总人口为 109300 人,占全市的 14.4%;耕地总面积 64434 亩,占全市的 15.61%;山林总面积 87 万亩,占全市的 56.2%。1989 年工农业总产值占全市总产值的 5.26%,其中工业总产值占 3.65%,农业总产值占 10.5%,粮食产量占 11.26%,生猪年养量占 15.83%,牛羊头数占 11.24%,茶叶产量占 56.29%,水果产量占 6.8%,林业产值占 41.4%,从比重看,耕地面积、山林面积、生猪年养量、年羊头数、茶叶、林业、药材产量都超过人口比重,反映了山区特色。但工农业总产值、粮食产量、人均收入、水果产量等均达不到人口比重。

2. 经济发展情况。长期以来,山区乡自然经济色彩浓厚,商品经济不发达。家庭联产承包责任制推行后,改革的春风吹进了闭塞的山区,山区开始出现不同寻常的变化。1987 年,县委、县政府针对山区经济发展的变化,在山区工作会议上提出了"稳农兴工、摆脱贫困"的指导思想。其工作重点一是发展商品经济,二是壮大集体经济。重点抓好种植业、林果业、饲养业和乡镇企业四大产业。根据这一指导思想和工作重点,山区干部群众和机关各有关部门都做了大量的工作,山区经济有了较快发展。其主要标志是:

(1)改变了生产经营单一的格局。过去,山区走平原的路子,单一搞粮食生产,甚至不惜毁林种粮,致使生态环境恶化,而贫困面貌依旧。这些年来,山区注重从实际出发,合理调整产业结构,经济发展较快。1989 年,18 个山区乡工农业总产值达到 5947 万元,比 1986 年增长 16.24%。作为农村商品经济发展重要标志的乡镇工业,1989 年产值达 3156 万元,比 1986 年底的 1893 万元增长 66.7%。除了抓好粮食生产外,林业和茶叶、蚕桑、药材、食用笋、食用菌等经济作物有了新的发展，黄桃、青枣、红心李、香榧、板栗等水果、干果的种植面积不断扩大，工业、建筑业、采矿业、运输业、服务业逐步发展。

(2)扭转了林业生产下降的被动局面。过去，山区群众收入来源少，人们的眼睛盯在山上，山林资源破坏严重。这几年，山区干部群众普遍重视林业工作。集体和农户封、造、育结合，使有林地面积逐年增加，林木蓄积量有较大幅度的增长。1989 年，18 个山区乡林木总蓄积量达 86.4 万立方米，比 1986 年增长 6.9%。

(3)劳动力转移出现好势头。随着农村改革深化和产业结构的调整，一部分剩余劳动力从农业中游离出来，奔向建筑业等非农产业。据佐村区估算，1989 年全区劳务输出达 3800 多人，约占农村整半劳动力的 1.4%。上村乡每年约有 1000 人外出，罗峰、佐村等乡外出人数均有 600 至 700 人。

(4)群众的生活有了明显的改善。1989 年，18 个山区乡人均收入达 442 元，比 1986 年的 316 元增长 39.87%。其中，东白、佐村两乡人均收入分别达到 659 元和 609 元，达到了一些平原乡的水平。东白、宅口、民主、山店、罗山等乡，增长幅度均在 50%以上。除了玉溪等少数几个乡外，其他乡正常年景群众的吃粮问题已基本上得到了解决。衣、食、住、行和文化、教育、卫生等条件也都有了改善。

当然，山区的变化和发展也存在着一些明显的问题：一是占全市山林总面积56.2%的山区，林木总蓄积量增长速度大大低于平原地区。这至少可以说明山区做“山的文章”还大有潜力可挖。二是一些重要经济指标与平原地区的差距有拉大之势。作为山区经济的主要指标——农业总产值、粮食产量、生猪饲养量、药材产量等均比1986年有所下降。从表中可以看出：工业总产值、农业总产值、粮猪产量、药材产量下降幅度很大，且超过全市平均下降水平，人均收入增长低于全市水平，只有茶叶、水果的发展大大超过全市发展速度。另据调查，山区农、工、建、运、商饮、服务等各业收入，占总收入比重最大的仍是农业，这与平原地区很不相同。平原与山区工业、农业占总收入的比例，差不多换了一个位置。18个山区乡经济发展也很不平衡，呈五个层次。以人均收入分类：第一层次人均收入在600元以上的有佐村、东白2个乡；第二层次500—600元的有南江、青联两个乡；第三层次400—500元的有罗山、胡村、上村、宅口、东门、民主、徐宅、山店8个乡；第四层次300—400元的有罗峰、八达2个乡；第五层次300元以下的有白溪、西营、三单、玉溪4个乡，其中尤以玉溪为最低。

1989 年与 1986 年比，人均增长幅度在 40%以上的有罗山、东白、佐村、上村、罗峰、宅口、南江、民主、山店 9 个乡。特别值得注意的是胡村、白溪 2 个乡，1989 年人均收入反而比 1986 年下降 0.9%和 9.4%。

此外，看起来有长足发展的山区工业，其背后隐藏着严重的问题。据东阳乡镇企业局统计：1989 年底止，18 个山区乡的乡镇企业拥有资产 1046 万元，其中固定资产 849.89 万元，而乡村两级集体企业的银行贷款就有 760.7 万元，银行贷款占总资产的 72.72%。百元固定资产产值为 277.71 元，仅为全市平均百元固定资产产值 495.21 元的 56.08%。人均产值山区乡是 5911 元，仅为全市平均产值 10200 元的 57.95%。更令人忧虑的是，一些山区乡企业屡办屡亏，企业、工办和政府背上了沉重的包袱。如佐村区，全区乡镇工业净亏约 110 万元（不包括建筑公司亏损），其中关停企业净亏就有 86.86 万元之多。青联乡乡镇企业净亏损则在 100 余万元。除了少数几家企业办得较好外，总体上看，前几年大力发展工业并没有给山区带来多大实惠，反而给一些山区留下沉重的包袱，这一点在佐村区尤为明显。

3.制约山区经济发展的因素。

制约山区经济发展的因素很多。客观上是山区山多田地少，水利条件差，农业生产依然靠天为主。交通不便，信息不灵，可直接开发利用的资源不多，商品经济不发达，居民整体文化素质不高，因此发展商品经济和工业难度较大。就主观因素而言，从调查了解的情况看，主要有如下几个方面：

(1)指导思想上有失误，实际工作中有失当。从市委、市政府部署和指导工作的角度看，前几年对山区应重点做好山的文章重视不够，而对兴办山区乡镇工业有些急于求成。部署全市性工作时，对山区特点考虑不够，与平原地区一样部署、一律化的情况较多，致使山区工作较少得到及时指导。从区乡工作角度看，对从本地实际出发，科学地确定山区经济发展方向和目标的工作做得不够，盲目决策或工作失当时有发生。如佐村区建筑公司的债务问题，已成几任区长甩不掉的包袱。这些年，几任区长当了15次被告。乡镇企业这个包袱，虽然尚没有使干部坐到被告席上去，但也已经够区乡干部坐卧不安了。如罗峰的棉毯厂，18世纪的机器，20世纪二三十年代的机器和七八十年代的机器均有。青联的棉纺厂，购买了1917年的纺纱机，从中可以看到决策和具体工作上的失误。现在，虽然大家都已充分认识到“兴工促农”的路子有问题，但是如何“在山靠山、养山、吃山”做好山的文章，怎样规划，怎样实施，在很大程度上还没落到实处。

(2)一些干部的创业精神不够强。从总体上看,山区干部队伍总体上是好的。这几年山区经济的发展就是依靠他们的辛勤工作取得的。但是与山区经济发展的要求相比,还有一些差距。据佐村区委介绍,由于山区工作客观存在的山高路远、交通不便以及工作条件差、待遇收入低等不利因素,一部分干部的创业积极性不高。与平原地区比工作条件、比个人待遇等攀比思想较严重,特别是平原地区干部不安心在山区工作,甚至连山区本地干部也想到平原去。

由于村级经济甚空,农村基层党员干部的战斗堡垒作用不强。因为绝大多数农村干部都是义务工作的,区乡因此对他们的要求也只能降低一点,放松一些。有的说山区一类的支部的标准,是“计划生育能指指人,催粮催款能寻寻门”。佐村区的96个农村党支部中,按上面标准达一类的约34个支部,按平原地区一类标准,全区不会超过10个支部。全区98个村约有85个村的干部误工费开不出,有的是从承包责任制以来一分钱也没有兑现过。三单乡的山背村,甚至连村委会选举的红纸也要乡里带去。

由于乡村干部的创业思想欠强,加上山区农民传统的小农经济意识,安于现状,满足于“养牛耕田,养猪过年”的人还是为数不少。缺少一批善于利用山区资源、善于带头致富的领头人。

(3)支持山区农民脱贫致富的优惠政策不落实、不配套、不完善。

近几年，特别是1987年山区工作会议以来，市委、市政府及各有关部门采取了许多措施，扶持和支持山区经济发展。从这几年的实践看，效果最明显的是教育和林业。其他方面的扶持和支持，对山区经济的发展和社会文化的进步当然也很有帮助，但从政策性支持看，不落实、不配套、不完善等现象也客观存在。实际效果不明显，如干部政策，尽管这几年注意加强山区干部队伍建设，但是至今问题仍比较突出，佐村区86名区乡党政干部中，招选聘干部占39.5%，其中13名乡党政一把手中就有6名招选聘干部。徐宅乡5名党委委员，4名是招聘干部。至今宅口乡还未配书记。玉溪乡已有三年没有妇女主任，佐村全区缺妇女主任4人。

对山区的扶贫，按现行政策规定，扶贫款应发放给有偿还能力的人。而农村的实际情况则是，若有偿还能力的则已算不得贫困户了，没有偿还能力的则往往易使扶贫成救济，扶贫款易放难收。民政部门和区乡的领导都反映过这个情况，有责任感的领导都不敢轻易发放扶贫款。

对山区乡镇企业的扶持和支持，现在反应比较强烈的，是一些符合国家产业政策、较有前途的企业，得不到有力的支持和扶持。如胡村的胶丸厂，利润率至少在15%以上，销售形势很好，就是缺少流动资金。现在已处于生产2个月即停下来，得等销后资金回笼后，才能再组织生产的境地。另外还有南江的胶丸厂、西营的植物激素厂等，都因得不到信贷支持难以发展。

二、山区干部群众的呼声和要求

这次调查，山区乡干部群众和有关部门提出了许多意见和建议。归纳一下大致有如下一些比较集中的意见和建议：

1.要求适当提高山区补贴，要求恢复粮票补贴（36斤）。

2.佐村区要求市里每年解决1.5万元资金，用于98个村委主任、96个党支部书记的养老保险补助，以调动村干部的积极性。

3.要求建立招选聘干部农转非激励机制。

4.佐村区希望组织部门抓紧配备缺额干部，并要求实现更大范围的干部交流制度，希望规定平原干部在山区工作的时间上限，保证他们在山区工作若干年后，可以回到本地或离本地较近的乡镇工作。要求把犯错误的干部下放到山区去。

5.教育系统要求,教师也像农林院校大中专毕业生那样享受工资浮动待遇。并要求提高山区补贴,连续工作25—30年以上的其补贴可列入退休基数。要求给连续工作满20年的教师安排1名子女农转非的待遇。要求增加外调人指标(现每年10个),要求在教师自然减员指标中,调剂一部分指标做山区民办转公办之用。

6.要求设立旱粮高产示范竞赛奖,以推动山区旱粮生产。

7.建议进一步重视、关心、研究山区的林业工作。增加对林业的投入。

8.建议对18个山区乡实行与平原地区不同的考核办法,把林业和综合开发作为山区的主要考核指标。

9.建议市委、市政府重视做好"科技进山"和山区科技知识普及的文章。白溪乡反映,山区农民科技知识欠缺,如农民很想使用除草剂,但不敢用,虽然乡广播及时提醒人防病治虫,但听不懂、记不下的人很多,因此急需培养农民技术员,并提高他们的辅导水平。

10.要求对山区的水利设施和交通机耕路建设增加投入。

11.山区乡和乡镇企业主管部门，希望对可利用山区资源，与山区群众生活密切相关的小土窑、小铁店、农机厂及符合国家产业政策有发展前途的厂，继续给予税收和信贷的优惠。

12.建议市机关各部门都要全力支持帮助山区脱贫致富，特别是与山区乡挂钩的单位，市委、市政府应在挂钩联系的内容、要求解决的突出问题、干部到山区调查研究和联系工作的时间等方面，做点硬要求，以使挂钩联系的成效更明显。

三、几点设想和建议

综观这几年山区经济发展的状况，可以说，山区脱贫致富的路子已经打开。随着改革的深化，山区经济的发展必然进入一个新的历史发展时期。只要我们山区工作的指导思想正确，方针政策对头，措施和办法切实可行，加之干部群众的精神状态良好，干部的优良作风深入，就一定能把山区的工作搞得更好。从目前情况来看，有三个问题特别值得重视：

1.山区工作的指导思想和主攻方向。现在从市到区乡各级部门，对山区工作到底怎样搞，已有一个基本轮廓，大家都认为应因地制宜，做好山的文章。但是，山的文章怎样做，主攻方向是什么，怎样做到长中短有机结合，应采取什么具体的措施，无论市里和区乡都应好好研究。在指导思想明确以后，一个乡具体怎样规划，怎样实施，均应认真加以研究。但从目前情况来看，大多数乡的工作指导思想、具体规划、具体措施，还停留在书记、乡长的脑子中。有的乡有了设想，但没有经过方方面面的讨论和科学论证，也有的乡还没有考虑这件事情，干到哪里算哪里。这都是需要解决的问题。

2.要切实加强区乡干部队伍建设，重视农村支部的战斗堡垒作用。对山区乡干部，在切实解决山区补贴过低等一些实际问题的同时，要多强调创业精神、奉献精神。建立一支作风扎实、具有创业精神的干部队伍，这是市区乡都必须十分重视的大问题。区乡干部的精神状态影响到农村干部，农村干部的积极性如何，直接关系到山区各项工作。农村干部的积极性调动难，症结在于集体经济太空和思想政治工作薄弱。市里对此应采取相应措施帮助。区乡对农村干部的作用如何发挥更应两手抓，不能因过分强调经济的作用，而忽视了思想政治工作的威力。任何支持、扶持、倾斜政策，最终还是要通过区、乡、村干部的努力工作去实现，这是区乡党委政府应特别予以重视的问题。

3. 全市都要重视支持山区工作。山区经济要发展，离不开全市，特别是市机关各部门的支持。机关各部门，特别是与山区乡挂钩联系的部门，更要全力给予支持。要认真帮助山区乡研究山区特点和发展规律，帮助科学决策、科学规划、科学实施。同时每年帮助解决几个群众迫切要求解决的问题。山区乡也要克服依赖思想。事实上，市机关对山区的支持建议列入机关考核，山区乡农业、林业和综合开发也建议作为山区工作考核的重要内容。以上考核与平原地区考核应当加以区别。

破解民营企业发展困局之思考

民营企业是中国经济中最具活力和创新精神的成分，改革开放三十多年来，民营经济率先冲破计划经济的束缚，敢闯敢冒，发挥“四千”精神，走出了一条从小到大，由弱到强，带动一方百姓富裕的路子，成就了一番创业致富，由农民转变为企业家的事业。从全国看，涌现出了一批规模大、效益好、管理科学、技术先进的现代民营企业，有的甚至已成功进入世界500强。但是，不能否认的是，这些年来相当数量的民营企业，不同程度地遇到了种种困难和问题，不少民营企业家认为，现在搞企业还不如改革开放初期好搞。那时政治上鼓励表彰，政策上支持放宽，老百姓羡慕向往。而如今求生不易，发展后劲匮乏，遑论做大。研究和分析这些困难和问题，对于突破发展困局意义重大。

据笔者观察，民营企业发展中遇到的困难，主要有以下三个方面：

一是体制性阻碍根深蒂固，制约了民营企业发展壮大。改革开放三十多年来，表面上看，我国已按市场经济体制展开全社会经济活动，许多计划经济的制度规章已取消。2005 年国务院发布《关于鼓励支持和引导个体私营等非公有制经济发展的若干意见》，简称“非公 36 条”。2010 年，国务院又下发了《关于鼓励和引导民间投资健康发展的若干意见》，简称“新 36 条”。这两个文件对促进民营经济的发展十分有利，一些民营企业也确实因为这些政策获得发展上的支持。如万向集团就因为有“新 36 条”获得了民生、人寿的治理权，获得了新疆钠硝石矿的开采权。但是实际上，作为“主体”的国企始终在拼命做大做强，实质上是在“与民争利”。在实际的经济运行中，妨碍民营经济发展的体制性阻碍随处可见。如金融行业，虽允许民间资本经营小额贷款，却不能吸收存款。显然，在金融领域迄今为止民营企业仍处于不公平的环境中。东阳吴英一类案子，一再在浙江各地出现，一方面说明了民间融资的巨大市场需求，另一方面也说明由于金融行业由国有银行高度垄断，在社会经济发展上必然会导致病态现象。另外，如石油、天然气、航空、地铁、高速公路等许多行业，国企凭借行政垄断地位，把持了市场准入资格，几乎不让民企沾边，要么国有企业独占鳌头，要么央企与外资企业联合瓜分市场或项目。在这些有形或无形的潜规则面前，民营企业要参与竞争显得“力不从心”，只能在充分竞争性领域苦苦挣扎。又如，央企国企和外资企业在工商、税收、安全、环保方面存在或出现不足时，现行体制往往极容易对其原谅和宽待，而对民营企业，即便同样过错，则往往以确保稳定大局的名义“重拳出击”，毫不留情。体制性歧视或阻碍的广泛存在，使相当数量的民营企业失去发展机会，增加了不少生存发展成本。

二是信息不对称及不善于全产业链研究，造成民营企业“耳目不灵”。在现行体制下，政府每隔几年就有发展规划和产业规划推出，根据宏观经济形势调控的需要，又常有新的政策出台。在做规划时，在征求意见和修改表述时，央企国企自然而然地普遍有先得先知的信息，表达的意见也容易被各级政府和部门制订信息的领导所采纳。诚然有少数民营企业因为规模较大也得到了类似支持，但绝大多数民营企业是无法得悉政府正在规划或修订的与政策相关的信息，自然无法未雨绸缪，做好本企业本产业的应对准备。此外，民营企业自身往往长于对所生产的产品进行技术、市场的研究分析，而拙于对全行业进行产业链分析研究。事实上，众多民营企业因其规模小确实很难从产品上进一步观察产业，再从全产业链的波动和变化过程中掌握其规律趋势。比如稀土磁钢企业，在整个国家整治稀土出口的形势下，虽然预见到稀土材料的上涨趋势，但涨到何种程度见顶，绝大多数民营企业是没有能力判断的。再说，因为企业规模小，在全产业链中即使能看清楚一切，也无法在整个产业链中发挥太大的影响力。客观存在的现实必然导致他们把更多的注意力放在自己与直接客户之间的微观问题上。在国企央企呈“虎踞龙盘”之势，外资携技术、资本、人才优势“攻城略地”的现实面前，很多民营企业却只能处于守势。一些企业谋生不易，只得改换门庭被国企收购兼并。

三是企业家自身存在的各种弱点，制约创新发展。众所周知，构成企业的三要素是物质资源、人力资源和企业家。企业家手握配置物质资源和人力资源的大权，对企业起着决定性的影响。改革开放初期，一批企业家由于难以忍受物质的极度贫乏、制度僵化的束缚，勇敢地冲了出来。他们中的一些人因胆子大、肯吃苦、毅力强而获得了成功。现在国际国内的政治经济形势都已与过去不一样。最根本的不一样，还是改革开放初期是封闭式经济大格局，农民企业家胆子大，肯吃苦，比国营的、集体的企业家更具有战斗力。所以，民企如“饿狼出山”，国营与集体企业缺乏活力如“雄狮昏睡”。如今世界经济全球化，国内是央企国企居垄断地位，外资与合资企业则以资本和技术、人才等方面优势抢占高位，民企则成了相对较弱的一方。对不少民营企业家来说，往日的体验在他们身上刻下深深的烙印。他们总是受过去的经验和思维习惯的影响，他们中的一些人也总有豪情似旧时。他们总是那么大胆，具备条件的项目上了，不具备条件的项目也上了，结果“风急浪大”驾驶不了翻了船。一些人断了资金链而破产，一些项目无法实施而倒闭。在东阳，曾经的润爽日化，在浙江，曾经的金义集团对水变油项目的执意投资，都是例子。还有一些人不愿意受规范性要求的约束，总是习惯于轻视政策规定。土地使用不规范；项目建设不规范；对环评、安评、能评等的评价，所持态度是愈简单愈好。故而有时往往不得不走许多弯路，付出许多代价。在决策上，则比较容易个人说了算，即使请了职业经理人来打理日常事务，也是一百八十个不放心，处处设防。故而企业面貌难免是形变而神不变。他们虽然经常参加一些专家学者讲课的培训班，也有一些人脱胎换骨升华了，但不少人仍然难从根本上改变自己，培训学到的新知识新概念，有时还可能成了折腾员工、折腾企业的招式，使昨天的成功成了今天进步和发展的障碍。

破解民营企业面临的困局，笔者以为，应在分析佼佼者的成功原因上下功夫。而分析成功者的经验，应切忌被他们对外宣传的似是而非的介绍所迷惑，应看清其真正的内在实质。

一是要高度重视对企业外部环境进行改善，减少发展阻力，增加发展动力。对单个企业而言，国家层面的体制性阻碍是难以改变的，只能寄希望于改革的深化。但是在正确认识形势的条件下，改变自己是可以而且应该的。比如尽可能创造条件，改善企业的发展环境，让企业与政府部门、社会各界的关系融洽些，就可以得到更多的外在支持。目前还有必要理清一些似是而非的观念。过去有很多人说，民营企业成功的原因是不找"市长"找市场。其实这就是似是实非的假经验，具有很大的欺骗性。在我国的经济环境中，政府对市场的影响是巨大的，如能获得政府的支持，就能获得巨大的发展。仔细分析当前民营企业的佼佼者，可以说是无一不与各级政府保持着良好的互动关系。所有经济活动不找"市长"只找市场的企业，都无法与这些佼佼者相比。既找市场又找"市长"是当前中国经济环境工作中的重中之重。事实上，在改善外部环境问题上，只是重视与政府的互动还远远不够。对民营企业而言，其与企业所在的周边农村的干部群众，与驻地的银行、财政、工商、供电等部门，以及学校、保险等单位都需要保持良好的互动关系。如果说政策开放初期，老百姓对企业的发展是真心全力支持，那么社会发展到了今天，则是有条件的互利互惠才能支持。看不到或看不清这一点，我们在处理外部环境关系时，就会因“自我感觉良好”而犯错误。企业发展需要利用好一切有形的物质资源，同时还要运用好无形的社会资源。而运用资源就要用“以正治国，以奇用兵”的方式把握时势，掌握尺度和分寸，有时甚至要“艺术”地处理，才能使企业处于最佳的环境状态中。

二是需要调整管理理念，创新管理体制机制，让企业“耳聪目明、体魄健壮”。经济社会发展到今天，许多问题已与改革开放初期不一样。背景不一样，措施方式也必须不一样。正所谓：能攻心则反侧自消，不审势则宽严皆误。不少人并不明白，企业家成功的落脚点，就是创造巨大的组织，创造巨大的公司价值。显然，企业家的价值观及由此关联到的人、产品、组织，是一个完整的链条。企业家就像汽车的导航仪，是企业走对方向、追求成功的决定因素。因此，企业家首先要把握大势。其次，企业家必须具备理解人、尊重人的素养；必须有善于从团队和员工中集思广益的能力和水平。在管理制度上要有更多的民主管理内容。要有让员工和团队骨干充分发表看法和意见的制度平台。就招人用人而言，过去是你让他进工厂，员工就感恩戴德，你指东他不会向西。如今是招工难，可供员工选择的就业渠道越来越宽泛。不认识这一点，不以人为本，不重视员工的各式各样的需求，企业就会处于招工难的境地。过去是物质严重匮乏，所以只要能生产出合格产品就不愁销路。如今竞争激烈，消费者挑肥拣瘦，产品既要质优又要价廉。因此企业在成本控制、技术进步等方面必须先人一步、高人一招才行。在重大决策方面，要从过去的胆魄过人式拍板，转变为科学咨询的民主决策。总之，企业管理的许多制度，要随着经济社会形势的变化而改变和创新。如果说过去可侧重于“管”，现在则需要更多的“理”。另外，企业要善于运用多种手段和办法，收集产业产品的技术、市场等方面的宏观与微观信息。要善于招揽网络人才，善于运用网络信息。特别重要的是，要善于发挥年轻员工长于网络操作的作用，为企业产品的全产业链分析研究服务，进而能在国家产业政策变化时掌握准确信息，适时制订应对之策。

三是要重视培养新型的企业家。当前许多民营企业正处于老一代企业家逐步退出、新一代企业家陆续登上历史舞台的新老交替时代。在这一历史时期，老一代中的一些人已经退出或即将退出，也还有一些人从事经济工作二三十年，年龄仅五十来岁，对他们来说，都有一个再学习战胜自我、更新自我的任务，因为他们还不可能很快就让子女或新一代接班。即使子女逐渐地能顶得上，对他们来说，退出历史舞台也是一种痛苦的折磨。因此，企业家们特别需要改变过去的思维方式和工作方法，改变以往企业的一些管理制度，以适应新的形势和任务要求。就政府而言，需要帮助企业家调整状态；就社会而言，则需要帮企业家改变心态，大公司、母公司需要帮子公司转换形态。同时，还要营造浓厚的企业文化氛围，让艰苦创业的精神得到传承，让老一辈能切身感受到，他们一生为之奋斗的事业在新一代人手中能够发扬光大，在精神上得到慰藉。此外，特别要重视的是对新一代企业家的培养。培养新型企业家，要改变子女一代在父母的企业逐步接班的培养模式，政府要组织和引导一批“富二代”到别家的企业去实践和锻炼，通过3—5年公平竞争式的上岗实践，获得优于自家企业的管理理念、管理制度和营运方式。政府也不要用管行政干部的方式，总是由组织部出面培训民营企业家。可以借助行业协会等民间组织，出面牵头或协调组织培训。

总之，重视和培养新型的企业家要两手抓：一手抓尚未退出历史舞台的老一代企业家的“转型升级”，让他们充分认识新形势下思维方式、工作方法、管理制度创新的必要性和紧迫性。让他们相信“江山代有才人出”。另一手则要尽快通过“实战”培养新的民营企业家。总之，对民营企业，迫切需要改善的是经济发展的环境，迫切需要提升的是适应变化的能力，迫切需要努力的是制度创新。

从微观到宏观是决策的重要思维

正确、科学的决策，能使企业由小向大、由弱向强发展。已经做大做强的企业，企业领导也总是要力求决策正确，避免重大失误而造成的损失，追求持续发展。我在企业决策的实践中体会到，坚持“从群众中来到群众中去”，从微观到宏观的思维方式，是科学决策、正确决策的重要前提。

去年(2010 年)，总裁任命我兼任石金玄武岩有限公司董事长。我到职后发现，企业不少员工和中层领导干部对公司发展的前景缺乏信心。通过座谈和个别交流，我找到了这种缺乏信心的现状依据。因为公司从 2003 年成立至今，一路走来，挫折和弯路不少，且在当年年底销售额也还不到 1000 万元。而当时新任总经理还信心满满地提出了 2010 年要实现 2000 万元的销售目标。这让我一方面要引导员工和中层干部，克服悲观畏难情绪，另一方面又要保护总经理的积极性。于是我从调研座谈入手，在生产、销售、研发、行政后勤等各方面了解基层的意见和看法，在交流后分析如何克服眼前困难和如何实现设定目标，最后与总经理交换意见，把目标修改为成本控制下降15%—20%，确保1500万争取2000万的销售额。一年下来，完成销售1507万元，成本下降17.23%。其间，通过每月工作例会的引导交流，通过安排企业培训学习，在确定年度工作目标和任务时，企业广大干部员工的精神面貌发生了翻天覆地的变化。信心、紧迫感、责任感都大大增强，从而都咬住目标任务，脚踏实地一步一步推进，为未来美好的前景努力拼搏，这已成为了公司上下的共识和行动。

从这一实际例子中，我得到的体会是，企业领导要引领群众必先了解群众。切不可自以为是地设定脱离群众认知的过高目标和任务。笔者以为，从根本上说，企业管理首先是人的管理，理而管之、管而理之则是必须有的思维。从群众中来到群众中去，就是一个从微观到宏观的过程。在这个过程中，可以准确掌握群众的思想脉搏和企业运行中的一切实际情况，同时也有利于集中智慧，克服面临的一切困难，有利于梳理片面的、局部的看法，凝聚正气，统一认识，调动一切积极因素。二是领导人决策正确与否，跟自身的决策思维方法关系重大。视群众是真正的英雄，视微观为宏观决策之基，是领导能得到群众拥护、不会脱离实际的根本途径。企业管理中，人的管理为首，而“满足人生需求，克服人性弱点”是企业管理中必须遵循的两点。激励和约束，包括领导人自身的自我约束，也是一种需要。从许许多多的成功企业家身上，似乎都能发现他们善于与人有效沟通的优点。无论是对上对下，无论是说的做的，他们是一些易于听别人看法的人，他们是易于被别人接受、易于感动别人、易于说服别人和易于鼓舞别人的人。

所以，我十分赞赏那些了解微观并能把握宏观的决策者。

创新给横店工业企业带来跨越式发展

2010 年横店工业企业销售增长 41.12%，利润增长 64.68%，这一成绩的取得，创新是主要原动力。

去年年初以来，伴随国内流动性过剩和国际上美元不断贬值，企业首先面临的重大挑战是大宗原材料价格的大幅上涨。据不完全统计，全年因原材料价格上涨增加采购成本约 7 亿元。为了消化和控制价格上涨带来的成本压力，企业做了六个方面的管理创新：一是强化预算管理和成本核算，以确保上涨因素通过目标管理和成本控制的准确实施，得到对冲消化；二是通过调整供应和降低库存，达到降低成本的目标，如康裕公司通过调整供应商，一年降低成本 582 万元，如东磁利用美元贬值机遇，增加铁磷和铁红的进口量；三是通过技改降低成本，如英洛华化工通过技改，单位产量提高 20%左右；四是通过发动员工推行精益管理降低成本，东磁公司通过精益管理获得了 7000

多万元的收益；五是通过资本运作（如套期保值的方法）增加非生产性收入；六是适当调剂原料增加收入，如热电厂预见到煤要涨价，在价格较低的时候多进货，在高价时调剂。总之，通过这些措施，横店工业企业2010年实现了跨越式增长。

我市科技兴农工作存在的问题及建议

众所周知，农业的发展一靠政策、二靠科学、三靠投入。而政策和投入的根本目的，是为了使适用的先进技术在农业生产中得到普遍应用和推广，达到增加产量、提高质量、满足社会生产和人民生活的需要的目的。从我市解放后四十年的粮食生产发展历史可以看到：粮食生产每上一个新的台阶，都与优良品种和适用科学技术的推广应用息息相关。以粮食亩产论：50 年代二熟改三熟，使全市平均亩产从 200 多斤上升到 300 多斤；60 年代高秆改矮秆，又使粮食亩产从 300 多斤增加到 400 多斤；七八十年代的常规改杂交，从单季杂交稻到双季杂交稻，再使粮食亩产突破 600 斤大关。

科技与农业生产发展的关系如此密切，因此研究解决其中所存在的问题，也就显得十分必要和迫切。故而，我所在部门邀请了农经委、科委、农业局等单位有关领导和专家座谈，综合大家的看法和意见，我市亟待研究和解决的问题大致有如下几个方面。

一是农业科学技术服务和管理体制不适应现行的生产方式。首先，农村实行家庭联产承包责任制后，科技兴农的服务对象，由集体变成了一家一户，受体零散；其次，随着农村经营门路的拓宽，青壮年劳力外出经商务工，从事农业者的素质大大下降；再次，农民的经济意识发生了变化，对科技需求出现两个极端：一端是“吃不饱”，这主要是指种植业、养殖业专业户。他们不惜自己掏钱上农函大，不惜花钱送子女到大中专学校去培训，但这是少数。而不想精种的不少人，甚至连什么时候播种、一年几个节气都不知道，根本不听你科技兴农的“那一套”。在这样的现实面前，有关部门当然不是无动于衷，也曾根据变化了的情况，搞过“农业科技承包”等尝试。然而，尝试虽然有效果，且得了奖，但终究胳膊扭不过大腿，还是推而不广。设立农业技术推广中心的本意，是转变职能，适应新的生产经营机制，但实际上并没有达到预期效果。农业科技服务和管理也缺乏新思路，科技成果推广甚至出现事与愿违的局面，如“免耕法”等所谓“懒人生活”的不推而广。而经济效益较好、社会效益也好的早稻杂交稻则久推不广。因为在现行的体制下，“命令”已可以不服从，“号召”则可应可不应了。

二是科技兴农的蓝图不清,政策多变。科技兴农是一项系统工程,需要各方面配合支持并协同工作。首先,必须有一个明晰的规划,近期抓什么,中长期抓什么;市里抓什么,局、区、乡抓什么,应有一个经过科学论证,明确而适度的主要目标,并且要几年、十几年一以贯之。其次,对全市集中抓的重大科技项目要有明确的分工,有配套的内容、措施和对承担单位的具体要求,以及评估考核的制度。如早稻杂交稻的种植推广,在认准了目标后,尚需进一步落实谁来保证种子的组织供应,应保证多少,能供应多少,还必须有区镇乡的宣传发动工作,有农资部门增加肥料供应的任务:必须完成多少,其工作绩效怎样评估考核等。1987 年市委、市政府曾要求全市 1988 年早稻杂交稻推广面积达到 50%,但最后实际上只完成了 5%左右。究其原因,就是配套的相关措施跟不上。另外,从我市前几年科技兴农的历程看,还存在着目标多变、政策多变的问题。我市曾花很大精力搞过的“十大基地”建设,曾抓过的“挖塘养鱼”“稻田养鱼”,以及致力于在田里植苗木、种柑橘等,有的成功了,有的并不成功甚至很不成功,群众意见甚多。不少农民曾有这样的牢骚:“多不得、少不得、政府号召种不得。”究其原因,或在于我们努力而为之的项目本身不现实，发展战略不明确、不适度，或在于政策变、战略变、领导变、方针变，时或“东风”时或“西风”，没有结合东阳的资源实际和群众的生产实际。

三是农技人员的积极性没有得到充分调动。人的积极性有三个方面：一是领导的，这是关键；二是科技干部的，这是主体；三是群众的，这是基础。现在的情况似乎是：基础无活力；主体无动力；关键太费力。就领导而言，这几年应该说还是重视的，但“口头农业”的问题依然存在，有许多问题落不到实处。就科技人员的积极性看，影响的因素甚多，因此，发挥科技人员的作用，调动科技人员的积极性则缺少具体、明确且连续一贯的政策。比如说鼓励科技人员到基层工作，上面的文件虽有规定，但却无鼓励措施，因此真正愿意在基层的、真正从事业出发而工作的人很少。据统计：我市基层农科站 113 名科技人员中，大中专学历以上的仅 6 人，占基层科技人员总数的 5.3%。这个比例大大低于农口科技人员大中专以上学历平均水平的 64.35%。大家都知道，搞农业的离开基层就没有生命力，农技人员的事业必须在基层。以前，农技干部十分强调“蹲好一个点，抓好一个片，上面围着基层转”。而现在是“上面大机关，下面一个人”。是什么原因使农技人员不愿待在基层？客观地说，除了为基层服务思想淡薄外，基层条件艰苦，基层缺少真正的实惠，缺少吸引力，也是其中的重要原因。有的人说前几年是“搞农业倒霉，抓工业吃香”，在区镇乡七员八员中，可能要数农技员最“吃不开”，其本身的待遇也最低。也有的同志反映，农技干部分配到基层连住的地方都没有，这怎么能让人安心工作？如南马、虎鹿、湖溪等区农技站，有 12 名农业科级干部借宿民房。另外，几年前就有过规定：一个有两名以上农技员的乡，至少应有一名集中精力搞业务，不参与联村等纯行政工作。但一直无法落实到位。许多行政领导在思想上都认为，农技干部配合行政搞计划生育、处理违章建房，与行政干部配合农技干部抓农业生产一样是“天经地义”。

四是投入不足。表面上看农业事业费是逐年在增加，但由于物价、工资等因素，“人头费”支出增长过快，致使业务费比例明显下降。据农业局统计，“人头费”的比例从 1978 年的 23.37％上升到 1988 年的 56.74％，致使许多科技活动心有余而力不足而难以开展。由于受财政包干体制制约，一边喊科技人员奇缺，一边又喊科技人员分配不了。由于投入不足，科技推广、科技示范力不从心，缺少足够的推动力和吸引力。

针对这些问题，不少同志在座谈时提出了一些对策和建议：

1. 必须健全乡、村两级农技服务体系;解决农业生产经营机制和科技服务管理体制之间的矛盾。

我们必须面对这样一个现实,即现阶段既不可能较大幅度地改变粮食比价,也不可能更大范围推行规模经营。因此,建立有活力的服务体系和有动力的科技知识输送机制,必须健全市、区、乡、村四级农业科技网络,特别是乡、村两级农业科技网络。乡镇可建立科委(绍兴模式)或设立科技副乡(镇)长(龙游模式),村可组织科技活动小组或聘任农民技术员。要使乡、村两级农技服务网真正在指导生产上发挥作用,必须着重解决两个问题:

(1)机构或网络的工作任务怎样规定,如何落到实处?工作成效如何评价和考核,使其真正有压力、有动力、有活力?

(2)农民技术员的作用如何发挥?如何与一家一户的生产形式相适应,误工报酬如何落实?

笔者认为,解决这两个问题的关键,是区、乡(镇)领导的真正重视,领导重视了,就能在实践中找到具体的解决办法。当然,领导重视的最重要体现,不是去抓具体的细节,而是抓政策措施的制订和落实。对科技网络和科技人员,既要给任务,也要给时间;既要有检查,也要有督促、有考核。从各地成功的经验看,乡镇科委和村科技活动小组，可以在试点成功的基础上逐步到位，而不是不管条件是否成熟，一律“建庙请菩萨”。要在建立服务网络体系的同时，着重研究解决好形式和内容、组织与职能统一的问题。从义乌及本市的经验看，科技承包的办法是可以研究推行的。应在试点的基础上，拿出一套承包效益评估、考核、奖惩的制度。对科技承包的科学评估和考核，应形成科技档案，还可以跟科技人员职称授予后的工作绩效考核和今后晋升相挂钩。这样做还可以克服重理论轻实践的弊端。至于农民技术员的作用如何发挥、报酬如何落实等问题，我市虎鹿、大联、南溪等地，均有一些成功的经验可以借鉴。

2. 建立中高级农技人员例会制度。

各级领导要真正树立科技就是生产力的观念，要尊重科学规律，并引导农业部门召集中高级科技人员，从生产需要和群众需要出发，每年确定专门时间召开农业科技例会，为党委、政府研究制定近期和中长期科技发展战略，以及制定切实可行的科技政策、经济政策、人才政策提供科学依据。

县(市)级科技兴农的主要工作，应该是成熟、适用的科技成果的引进和推广。据此，目前应着重研究解决的具体政策，应该有如下几个方面：

(1)水利建设、旱粮生产、农业开发、“双杂”推广等方面的扶持、激励政策和部门协调配合问题。金华市政府已设立了粮食生产的“丰收奖”，我市可否也设立类似的“双杂推广奖”？

(2)科技人员获得职称后，对其工作的评估、考核细则问题及相关技术权力和生活待遇的落实问题。

(3)鼓励科技人员下基层的细则实施。

(4)部门利益的协调、裁决后的监督执行问题。

3.农业人头经费与科研活动经费要确定一个合理的比例。

大家普遍认为，对农业及农业科技增加较大的投入，目前尚有困难，但农业部门科技推广活动的必要经费要解决。要有一个合理的比例，以保证各项必要的科技活动顺利进行。建议设立农业科技发展基金，资金来源一是科技三项经费，二是从农业发展基金中划出一块，三是科技有偿使用经费。同时要解决科技推广体系和投资渠道不顺（如水电部门有水电开发投资经费，而农业部门反而没有）的问题。

作于1989年

热点冷思看入世，机遇挑战慎把握

我国加入 WTO 后，一个出现频率很高的词是“双赢”。老百姓通过媒体的宣传介绍，知道入世会给自己带来许多实惠和好处，比如因降低关税放开市场，可以买到许多以前买不到、买不起的商品。入世可以促进我国社会主义市场经济体系的发育和完善，有利于优化资源配置，促进产业结构调整和竞争力的提高，还可以推动政府职能转变和管理效率的提高。

说入世将会给政府和广大老百姓带来莫大的好处，是从机遇的角度来认识的。准确地说，入世给我们带来的不仅是机遇，更多的还是挑战。

入世后因为开放市场，消费者可以买到便宜的家电，买到便宜的农产品，但对家电生产企业和种植水果的农民来说，就必然面临降价、减价乃至亏本的问题。常言道，“谷贱伤农”，推而广之，对生产者而言，作为国外大公司的竞争对手，就不像消费者那么轻松。所以从强者的角度看，竞争肯定是对的，应该拥护，从旁观者的角度看也是对的。而对小企业来说，竞争却可能是危险的，需要清醒对待。1999 年 4 月，海尔集团总裁张瑞敏在接受媒体采访时说:“所有的战略都围绕一个主题，就是我们能否具备与国际大公司一样的竞争能力。如果不具备，我看中国企业面临的不是增长问题而是生存问题。”海尔集团在 2000 年的销售收入是 406 亿元，试想，像海尔集团尚且在担忧生存问题，我市的诸多企业是否应该实实在在地做些思考?

化工制药是我市的五大支柱行业之一，产值在全省各县市中名列第三。据统计，2000 年产值达 15.3112 亿元。再分析下去可以发现，我市全部化工制药企业产值，还不到全国化工制药 10 强企业最后一名的重庆太极集团的 34.56%。我市化工制药业全部产值只占全省 10 强销售收入总和的 30%，仅占全国 10 强总销售收入的 5.95%。与国际上的大企业相比，则只占美国杜邦公司 1999 年销售收入的 0.68%。1998 年中国化工企业 100 强销售总收入只有 1172.12 亿元，仅占美国杜邦公司的 52.6%。化工和制药企业规模的大小，从一个侧面反映了企业竞争力的大小。所以从我市的化工制药业情况来看，当前面临着一个很重要的课题，就是如何做大做强。

要做大做强，仅有决心和信心是远远不够的。我市的许多企业历经市场经济多年来的大浪淘沙，如莹光化工等，当年国有企业老大哥今天依然“雄风不减”，而有的则已“日落西山”经营惨淡。生产经营不景气的企业，并不是他们当初不想过好日子，而是在改革开放的大潮流到来之前，没有取得竞争的主动权。其原因可能有思想观念上的，也可能有决策失误上的，更多的可能，是认不清形势、错失机遇。

我们当然不能说小企业入世后，在竞争中将必败无疑。但现实还是可以告诉我们许多道理。我市六石镇的泗庭芳村 90 年代初曾经是名声在外的铁板泥抹生产专业村，鼎盛时几乎家家生产，经营热火朝天。据统计，当时该村有一定规模的企业 34 家，年产值达 5000 多万元，而如今仅剩下 4 家，年产值约 700 万元。为什么该村的泥木工具生产衰退，而与我市相邻的永康却生产红火？这很值得人们深思。据六石企管所的同志介绍，泗庭芳村的三星泥木工具厂在竞争中没有失败，今年 1—10 月份已有 600 多万元的销售额。原因是该厂较早有了竞争对策。

面临入世，我市化工制药业面临的挑战很多。笔者认为，首先，要选准企业发展方向和产品。业内人士认为，如果是药品制造，内销需有适合国内医药消费需求的产品，外销则须面向发展中国家。而药品原料制造,则应为发达国家大公司配套为宜。我国企业的优势一是人力资源丰富,二是生产成本较低(包括设备成本、工资成本、环保治理成本等),故入世后要抓住机遇发展壮大。

第二要减少资源浪费,加强环保治理,降低生产成本。要从思想观念上树立加大环保力度是增强企业竞争力的意识,改变为环保抓环保的现象。有人说“三废”是放错地方的资源,事实也是这样,企业抓减少资源浪费,要从工艺上减少物料着手。化工制药企业抓环保治理,要从清洁生产入手,减少物料损耗,减少可再回收利用的物质排入废水、废气、废渣中。在这方面我市不少企业都有成功经验。

第三要加快环境质量体系认证。入世后非关税壁垒的压力会大大增加,如知识产权保护、环保等。我市化工制药企业在与外商发生业务关系时,被要求出具 ISO14000 证书的情况比较普遍,因为在外商看来,一个企业有 ISO14000 证书,说明你在环保治理投资上花了大钱,与它的竞争相对平等。此外,他还会认为这是一个对社会负责的企业,是一个具有共同理念的合作伙伴。因此要尽快开展 ISO14000 认证工作,使我市企业尽快拿到国际环境质量的通行证。

第四要尊重知识,尊重人才,但绝不仅仅是给技术人员发高工资,还包括善于倾听他们的建议和意见,采纳他们的合理化建议，理解他们的思维方式和行为习惯。

此外，要根据企业的实力和发展要求，逐步加大开发经费投资，提高转化科技成果的能力与水平。小企业搞技术研发往往力不从心，入世后将面临知识产权保护的压力。不加强技术研发就无法占据科技制高点，也就没有发展原动力。有报道说，世界500强平均每个企业的销售收入为2300多亿人民币，其技术开发费用为销售收入的5%—10%，那就是115亿—230亿。我国优势企业技术开发费用只占销售收入的1%—2%，我市企业技术研发经费估计在1%以下，这就是需要尽快改变的现状。

总之，面对入世，多一点冷静思考，以积极的姿态迎接机遇，以有效的对策接受挑战，是我们必须做的准备。

加快城市化要着力研究要素集聚的供需关系

当前，城市化成了热门话题，也成了上至中央、下至平民百姓的议题和共识，成了经济社会加速发展的原动力。近年来，小县城膨胀式发展，一年一个样，三年大变样。大中城市也改旧城、辟新区，到处热火朝天、日新月异。不少地方刚完成规划体系论证，又得着手进行规划调整。城市建设如火如荼，政绩有目共睹。然而，美中不足的是，一些地方的城市化目标设定得过于乐观，城市建设显得“大气”有余，特色不足。还有一些城市的建设和管理内容脱离了现实需要和可能，出现了急于求成的浮躁现象。笔者一孔之见，试从城市化要素的供需关系上谈一点思索和感受：

一、人口的集聚要有产业发展支撑，城市化目标要放在大环境背景下确定

一个地区的城市化水平，一般都以人口的集聚度来表现。简单点说，城市化的过程，也就是人口集聚的过程。但城市人口的集聚，必须依靠城市产业。城市化诸要素中，人口要素与产业要素就是一对具有依存关系的要素。各地城市化要素的基础条件、背景状况各不相同，因而在制订集聚人口、推进产业集聚和升级的政策、措施、方法、手段等方面也应各有不同。

就大城市而言，问题不是继续做大，而是应做优做强，开放吸引高层次海内外人才，大量建设基础性设施。而对许多县级市等中小城市来说，则是加快人口集聚、产业集聚。即使同为县级城市，其现状与趋势也各不相同，城市化的抓手和重点也应该不同。以义乌、东阳现状为例：义乌因第三产业的蓬勃发展，吸引了大量的外来人口和流动人口（普查人口比常住人口多 25.2388 万）。所以，现在讨论加快城市化，可以侧重城市基础建设的扩张，从而使外来人口、流动人口“安居乐业”，以达到城市化率的提高这一目标。就东阳市而论，常住人口为 787892 人，普查人口为 752975 人，净流出 34917 人。市区吴宁镇虽净流入

17667 人，但与义乌相比，则显得人口集聚度不够高。所以，现阶段如果不把工作重点放在产业集聚上，欲达到人口集聚的目标就比较难。

2000 年底，东阳城区常住人口中的流动人口仅 133305 人，规划到 2005 年达 20.2 万人。5 年需增 68695 人，每年需增加 13739 人。若按 70% 整半劳力计，需 48086 个就业机会，每年需 9617 个就业机会，按 50% 从事第三产业、一半转入第二产业分析，年均就需要 4808 人由工业企业招收就业。东阳市现有 122 家 500 万产值以上规模企业，其平均产值为 4271.34 万元，平均员工为 353 人。也就是说，每年必须得有 13.6 家平均规模产值 4200 多万元的企业提供就业机会，才能达到城市化率的目标。

东阳确定了“兴工强市”的战略目标和指导思想。但应该看到，东阳的城市化目标是在各大中城市大开城门吸引人才、吸引资金的宏观背景下形成的。在交通区位优势不很突出的情况下，要使外地人向东阳流、使乡村人向城里流，就特别需要“精心策划、精心实施”。要有像横店镇那样“无中生有”的大手笔，“点土成金”的真手段。由此可见，人口的集聚若不在提供就业机会上下苦功夫做好文章，就必然缺少了可达性。上述分析旨在说明，对东阳而言，产业支撑是加快城市化的重中之重。供需之间，义乌在于"留人",东阳则应侧重"引人",尤其是吸引创业者。在当前情况下,东阳、义乌两市加速城市化的措施、方法必须有所不同。

二、土地资源的开发供应须与需求相协调

土地是城市建设的"第二财政"。土地出让了,钱就回来了,有了钱又可以扩大建设。城市建设需要这种良性循环的滚动发展。但这看起来简单的道理,其中还有许多操作性问题。城市土地的使用主要有三大块:一是用于基础设施建设,如道路、交通、广场、绿地、场馆等,这属社会性工益用地;二是房地产开发,用于人口集聚过程中所需的居住用地;三是企业用地。房地产开发和企业用地的多与少,与当地城市化进展及经济发展水平密切相关。欲在城区居住的人多了,就应多提供一些房地产开发的土地。欲在城区创业办厂的多了,就需要多提供企业用地。对这两方面,政府要周密分析测算,以使自己手中的土地资源既能满足需要,又能卖个好价钱。土地供应大于开发需要,会使稀缺的土地资源贱卖,并且还会拖建设速度的后腿,会出现半拉子工程,以及缺少建筑特色和风格的现象。与其他城市比较,东阳 4 层、5 层高的临街房屋较多,高层建

筑少;私人买地建房 2—3 间的多,单位建房少。总体看去,像火柴盒、麻将牌一样的房子较多。造成这一现象的深层原因是,在人口集聚不快、物流通量不大的背景下,政府土地供应量过多。

近年来,企业用地开发一般以经济开发区、特色工业园区建设为主。这自然是对的。政府在城市化进程中开辟园区不外乎两个目的:一是吸引外来创业者,二是吸引原分散在乡村的、需要扩大规模的开拓者,以达到产业集聚、人口集聚的目的。但如果在城区或城郊开辟园区的同时,又较多地在下属乡镇设立工业区和特色园区,以满足各乡镇都想加快发展的需求,就必然会出现新的"遍地开花"现象。土地供应量大于需求,政府自己追求的人口和产业向城市集聚的目标,就会被自己方法上的不当所破坏。所以,政府要对本地城市化中产业集聚、人口集聚的可达性进行测算,预见并判断工业用地、房地产开发用地的需求量。在有了比较准确的测算后确定开发速度和提供土地供应量,而不能一厢情愿地大规模开发。对很多城市而言,既可以高起点规划,也可以大规模开发,但对于产业集聚、人口集聚相对较慢的地区,就只能高起点规划、适度开发建设。当然,适度不但要在认识上统一,更要在操作上体现才行。

三、基础设施建设及管理，必须与市民现阶段期望及今后逐步提高的需求相吻合

城市建设多有“三高”的要求，即高起点规划，高标准建设，高要求管理。从理论上讲这无疑是十分正确的。但是，省会城市建设的“三高”与县级城市的“三高”，其内涵应有明显的区别，操作上应与当地城市的实际需求相吻合。这些年，中小城市在基础设施建设中，确有不少缺乏前瞻性的问题，如城市污水处理厂建设滞后等。但也有不少不切实际的过高规划建设及管理的问题。最后因为不切合实际，只好宣布作罢。如县域中小城市的步行街管理要求，若无特别的历史渊源性古老街道，一般来说，在县级城市现有建设管理的现状条件下，人为设立步行街都比较难实施，即使一时做起来了，也较难持久。分析其原因，主要还是与市民期望需求不相吻合。

农村人进城是为了过上好日子。第一是要能就业，在城里要比其他地方更有钱可赚；第二要方便生产和生活，能方便就医、就读、购物。县级城市管理者所面对的，是大量从事农业，由农民转变过来的市民。他们需要骑着自行车、摩托车上班，也需要为生计购物。他们的需求是随着经济条件的改善而逐步提高的。如果城市管理者忽视了

最低层面的需求，过早或过多地考虑高标准规划、建设和管理，就会出现预期投资无法得到回报，以及城市建设和管理中遇到较强阻力等问题。所以，政府在考虑加速城市化基础设施建设，如供水、供热、供气、垃圾分类收集处理等决策时，一定要坚持以人为本的思想，让市民参与讨论、参与决策。省会城市的人与县级城市的人是有很多不同需求和期望的。对面广量大、农民比例高的小城市来说，在推进城市化时，对集中供气（管道煤气）、供热的要求并不会十分迫切。他们可能会对蔬菜水果市场、学校、厕所的布局和建设等更关注。一个城市哪些方面做得比较好，哪些方面还很不够，在意见收集上得多听听市民的、多听听外来人口的、多听听专家的，这样制订的规划就会更有现实性、必要性和发展前瞻性。

企业管理制度的界与圆

企业管理制度的重要性是不言而喻的。横店集团所辖企业经过多年的实践和总结提高，已形成一套系统、全面和有效的管理制度，因此保证了企业的稳步发展。去年(2008年)全球金融风暴以来，集团工业企业虽然在产值销售上同比有所下降，但经过外抓市场拓展、内抓开源节流的强化管理，今年1—9月份利润同比有大幅度增长。

当然，在危机面前，我们一些企业也显现出基础不牢、管理制度空泛等不良的状态。其中反映到经济指标上，是存货偏多、应收账款偏大、三项费用较高。分析解剖这些企业的内部管理制度，我们发现突出的问题有二：一是管理制度的执行效果不佳。除了领导开口子放松管理的原因，还与一些与制度本身不具备操作性有关。理论上讲，就是制度规定的边界不清晰，造成制度要求太空泛而落实不到具体岗位、具体责任人。比如存货控制的上限是多少？下限是多少？控制不好谁承担责任？原料库存太多时得承担多少责任，产品库存太多时是谁的责任、该承担什么责任？这些问题若只有“产品库存太多则由销售人员承担相应责任”的规定，就是边界不清。如产品的成本控制，由于产品物耗、能耗控制的责任人是管生产的领导，以及直接参与生产和管理的人员，若管生产的厂长、部长、副总经理的责任考核不与产量、质量、交期、成本等挂钩的话，这种考核制度就是责任边界不明晰、不到位。同理，由于产品销售不及时所出现的库存过多，甚至因此造成库存物品降价销售而造成损失，这个责任就必须落实到销售人员、销售部长和销售副总经理身上。换句话说，在生产成本控制这一问题上，管理制度的责任边界，是管生产的副总经理及生产人员应直接承担制造成本偏高的责任，他们必须研究生产中单位产品的最小物耗能耗，同时使劳动力成本最省。成本控制是需要分析研究的，且要记录分析多批次数据，从中找出在哪些节点上有可压缩的空间。这种研究分析，要对原辅材料价格、产品销售价格、煤电价格、水价、工资、折旧等了然在胸才行。销售副总经理及其他销售人员，必须承担公司销售中因大量库存所造成的削价损失责任。在管理存在薄弱环节的企业中，管生产的不了解产品最近销售价格的现象较普遍，管销售的不了解最近原料价格下的产品生产成本也较普遍。因此，向他们了解到的产品成本，往往不是最贴近实际的真实成本。他们所提供的常常是过去成本。企业内部一些领导“只见树木不见森林”的根本原因，就在于制度规定中并未明确他们各自相应的责任。

边界到位具体到指标控制上，第一要明确控制线。如产成品库存控制，虽然市场千变万化，生产和销售要跟着这种变化而变化，但这绝不意味着企业管理中不需要限制性管理。一般来说，除特殊的季节性、规律性月份，需多准备些产品库存外，正常情况下，产品库存量超过一个月的生产量就是问题。剔除特殊情况，企业管理制度要求产成品库存控制，应该为月平均销售额的50％为宜，上限为月平均销售额的100％，特殊情况由总经理自己掌握。把产成品控制的责任落实到销售副总经理身上，制度上就应该有一个边界：即全年平均产成品在月平均销售量的50％时视为正常；低于50％给予奖励；超过100％即扣发一定量的奖金，或在月度生产销售联席会议上通报批评。这样就可以起到控制作用。同样道理，在原料采购的正常状态、原料上涨及原料下跌等三种情况下的库存控制，均应有一个边界性控制要求。否则，因强调市场的波动性而放弃控制性，必然会出现管理上的问题。其次，要明确责任人。

在非特殊情况下，产品库存超过月销售额100%时，必须追究销售副总经理的责任。或降奖金或下降销售扣点，决不能将问题归因于市场变化的客观因素而不追究责任。这就是制度必须有的边界。

管理制度的第二个问题是"圆"。也就是说一项管理制度应该是闭环的，不应该有缺口，不然这个制度就不能发挥作用。比如产销对接，我们仔细研究过产销对接率较低的企业，发现这与制度要求不闭环有很大关系。一般而言，"生产要围绕市场转，以销定产"是谁都懂的道理。这里有三个环节必须形成一个制度的圆圈。第一个环节是销售人员认真细致做好市场调研，形成下一个月的生产订单。第二个环节是在产销联席会议上对接，落实数量、质量、规格和交期等生产内容，以及各自承担的责任，即生产方没有按时保质保量生产时承担什么责任、多少责任，销售方未能按时销售时承担什么责任。第三个环节是考核边界不能太宽，太宽了就失去管理的严肃性。有的企业是一旦合格产品按要求生产出来后，在进入仓库的第六天开始要对销售人员计息，有的企业是两个月。我认为，两个月的设定，必定是对市场调查不认真不仔细。很多企业在这三个环节上有联席会议，但没有让销售人员形成书面计划、没有考核的情况则比较普遍。所以，有会议没有书面计划不行，有书面计划没有考核更不行。“会议、书面、考核”就是产销对接必须画好的圆。

企业管理制度的界和圆的确定，必须走群众路线。要“从群众中来，到群众中去”，千万不要由领导层“闭门造车”。须知，从职工中来不仅能使制度制订得更合理，还在于这是一个统一思想的过程。常言道，制度是死的，人是活的。要使死的制度成为员工的生产习惯、生活习惯，必须要有一个思想发动和动之以情、晓之以理的引导过程，否则，制度往往就推行不了。

建设大金华，东阳有作为

金华依托浙中城市群，建设大交通、发展大流通、开发大产业、创建浙江省重要的交通枢纽和中西部地区现代的中心城市的宏伟规划，揭示了经济发展的内在规律，指明了加快建设金华经济圈的发展方向。大河有水小河满，东阳市在建设大金华中将大有作为。

经济发展规律证明：区域经济发展要求形成中心城市。我省所有县（市）中，杭州、宁波、温州是浙北、浙东和浙南的中心城市。改革开放以来，杭宁温这三个地区中心发挥了聚集人气、资金、物资、信息的作用，促进了区域经济的发展及所辖县（市）城市群的崛起。据省统计公报，1993 年全省十大财政收入县（市）中，杭宁温就占了七个；全省十大国内生产总值县（市）中，杭宁温就占了六个。县（市）城市群的发展又强化了中心、突出了中心，进一步确立了杭宁温的中心城市地位。

由此可见，建设金华中心城市，发展金华经济圈，不仅是金华自身的要求，而且也是所属县(市)经济社会进一步加快发展的要求。

改革开放以来，东阳市的经济社会发展迅速，取得了令人瞩目的成就。然而东阳人总感到发展中仍缺少点什么。

据史书记载：隋唐时期浙江商品经济很活跃，会稽、余杭、东阳等地都曾是商贾并辏的区域商业中心。

然而，沧桑巨变，如今的东阳已不再是商业中心了。由于水路淛塞又不通铁路，位于浙江中心区域的东阳已难说是浙中的交通枢纽。现在的交通枢纽已位移金华，商业中心已位移义乌。这影响和制约了东阳经济社会的发展，自然也成了东阳人最大的心病。

但如果我们把眼光放远，将视野拓宽，站在整个金华经济圈的高度审视，我们会惊喜地发现，东阳发展的外部条件优势不仅没有丧失，反而更为加强，金华经济圈内的许多优势是东阳加快发展的“跳板”。

“跳板”之一是金华的大交通。东阳是杭温、金甬公路交会处，现已形成网络，交通条件较好，义乌机场是东阳可以利用的航空条件。东阳最大的缺陷是没有铁路。金华作为浙江中部的交通枢纽，其发展战略中有金椒铁路、金甬铁路，最近通过专家评审的金甬铁路由金华经东阳至宁波，一旦建成，东阳就可以在铁路上与金华的大交通实现“接轨”，东阳的交通条件就可以从根本上得到改善。

“跳板”之二是金华的大流通。重点是利用好义乌的小商品市场。东阳虽然不再是省内的“商业中心”，但“邻居”义乌创建了全国最大的小商品市场。这个市场离东阳市区只有十八公里，离东阳最近的镇乡只有七八公里，就像是东阳自己的市场。

“跳板”之三是金华的大产业开发。东阳目前的工业经济主导产业，除了传统的纺织服装外，重点是机械、化工、电子、金属和建材。这与金华“九五”时期第二产业主要发展机械汽配、医药化工、建筑建材、纺织服装的规划基本吻合。这一经济结构现状和发展目标的一致，有利于东阳与金华大市共组优势，形成合力，共同发展。

“跳板”之四是金华中心城市的凝聚力。随着金华中心城市建设的实施和推进，金华的经济、政治、文化和外向辐射力会越来越强，信息和人财物力的集聚作用也将越来越大，对经济圈内城市群建设将起到巨大的推动作用。这种作用已有先例，如东阳近年公路交通建设的迅速发展，就是得益于金华的资本证券市场建设。

此外，还有可利用的永康五金市场、金华开发农业等优势。充分利用好经济圈内大大小小的发展“跳板”，东阳经济社会发展就一定会实现第二次腾飞。

金华各县市都有自己的特色，可以说优势各异。在建设大金华过程中，东阳可重点发挥以下优势：

着手创建全国“建筑之乡”。建筑业是东阳的一大优势，东阳1994年已被省政府正式命名为“建筑之乡”。从现在开始，东阳建筑业要向更高的目标——全国第一和全国“建筑之乡”发展。

强化开放型经济优势。开放型经济是东阳的一大优势，是参与世界经济大循环的良好基础。要认真抓好现有的重点出口产品基地建设，促进重点出口企业上规模、上水平、上效益，特别是扶持发展外贸出口交货值超亿元的“航空母舰”(1995年将发展到4家)，继续当好金华市外向型经济的排头兵。

充分发挥科技教育优势。东阳市科技人才众多，有“百名博士汇一市，千名教授同故乡”之誉，不仅市内有8700多名技术人才，而且在省内外、海外还有大批东阳籍人才。这是非常难得的优势。东阳有教育优势，专业设置独具特色的中国美术学院东阳成教分校、横店大学和城乡建设学校，可以为东阳工艺美术业、东阳和金华新型主导产业、建筑业等源源不断地输送应用型建设人才。实施

“科教兴市”发展战略，将使东阳发展如虎添翼，并将推进整个金华经济圈的建设。

发挥东阳企业集团在金华经济圈的优化配置生产要素作用。自 1990 年组建中国横店集团以来，东阳已组建各类企业集团 28 家。企业集团的组建发展了东阳优势产业，同时形成了辐射优势。如横店集团 1992 年在金华创办的发达实业公司，现已有各类生产经营企业 9 家，其中 5 家企业的产品技术含量高，有汽车齿轮、人造金刚石、抗静电阻燃地板等，具有良好的发展前景。浙江广厦集团股份有限公司在金华投资房地产开发，已获成功，最近又对金华金鹤水泥厂投资 800 万元参与建设。可以预见，金华经济圈建设，将使东阳越来越多的企业冲破行业、地域的局限，开展全方位、多层次的联合与协作，求得更快的发展。

关于南江治污达标可能性的分析

最近,省环保局下文,将我市南江流域列为省重点管理区,化工类项目审批不但从严,而且水质状况没有明显改善前暂行"冻结"。面对这样一个"戴帽改造"的客观现实,除了对流域污染企业提出严格管理确保达标外,环保部门和有关方面必须上下齐心,合力监督和服务。为了研究南江治污达标如何"摘帽",本文试对环境容量、近年监测数据实况等试行分析:

一、关于环境容量

国家标准规定,地面水三类水标准为CODcr20mg/L、NH_3N为1mg/L,我市南江多年平均流量为7.45亿立方,则方塘交界断面理论允许排放CODcr总量为14900吨,NH_3N允排总量为745吨。由于溪水有自然因素及生产生活污染的人为因素，本底就有一定的CODcr浓度和NH_3N浓度。根据市环保局多年监测，南江产生的CODcr本底值为7.72mg/L，NH_3N本底值为0.25mg/L，减去本底的总环境容量，CODcr为9148吨，NH_3N为558吨，考虑到环境保护所考虑的水文特征，不应按多年平均流量把握，而应按概率较高流量来计算容量。因此，我们将多年平均净流量的60%作为计算径流量的容量，理论上讲还有环境容量，应为CODcr 5489吨，NH_3N为335吨。

二、关于生活源、农业面源和自净容量

环境污染物中，来自生活废水及农业生产活动产生的面源污染有相当可观的数量。据我局2001年开展的农业农村面源调查，南江流域生活污染与农业面源产生的CODcr约为3918吨，NH_3N约为1490吨。由于生活污染与农业面源污染大部分属易降解污染物，且所产生的污水又分散于全市广大区域，故而使相当一部分的污染物在土地、农田和池塘小溪中已经降解。我局多年监测显示，两江在基本没有工业污染的条件下，CODcr浓度一般在7—8mg/L，NH_3N在0.3—0.5mg/L。这说明在进入两江之前的降解比较明显。另外，南江、东阳江的降解能力也较

强，据专家计算，南江自净系数 K 值取 0.3 时，可降解 CODcr2887 吨。若我们把生活源及农业面源产生的污染大体与环境自净降解量相抵计算，则 5489 吨 CODcr 的容量就可用于工业排放。

三、关于总量控制及达标可能性分析

由于我市两江属山溪河流，丰、平、枯各季水量分布很不均匀，因此，南江 5489 吨理论环境容量是不能全部平均利用的。根据水电部门提供的 44 年的水文资料，我们将环境管理目标要求的丰、平、枯三季的水流量确定为 $20m^3/s$、$10m^3/s$ 和 $3.9m^3/s$，且考虑到工业企业排污的相对均匀性，如果我们把平水期的容量用足，让丰水期的容量与平水期相近，即使枯水期（每年 1 月和 11、12 月共 92 天）不能达标，全年也有 9 个月可以达标，能达到金华市政府对东阳环境目标责任制考核的要求。为了说明这一目标的可行性，我们试以方塘 $5m^3/s$ 的条件占多年平均 67.4％的条件来分析其达标的可能性：

（1）$5m^3/s$ 水流量背景 CODcr 本底 7.72mg/L，NH_3N0.25mg/L 时，达标允排工业污染为 CODcr5.4864T/d，NH_3N0.324T/d。

(2)按达标排放分析，横店集团经过污水厂处理的废水即使达 2.5 万吨，按达标排放计排放 CODcr2.5T/d，NH_3N0.3T/d，其他冷却水再排 1 万吨(带一点污染再考虑总量 0.5 吨 CODcr、0.05 吨 NH_3N)，南江流域的其他企业还有 2.4 万吨废水、2.4846 吨 CODcr 可排。照达标计算，目前下游有关企业 CODcr 合计只有 0.5T/d 左右，仍有 2 吨 CODcr 容量可供其他企业排放。当然 NH_3N 可能略超标。

(3)若横店段以 3.5 万吨废水、3 吨 CODcr、0.4 吨 NH_3N 下排，下游再排入工业污染废水 2 万吨、2 吨 CODcr、0.3 吨 NH_3N(不考虑降解)、水量达到 $5m^3/s$ 时(非工业污染水本底如前)，那么方塘断面 CODcr 浓度为 18.3mg/L，NH_3N 浓度为 1.8mg/L。所以说，按多年径流量分析，平水期达标是不成问题的。另外，南江对 CODcr、NH_3N 均有较强的降解自净能力，在上述浓度下，加上降解自净作用，NH_3N 也是基本可以达标的。

(4)分析了方塘断面达标可能性，我们再分析明德断面浓度控制目标。如果明德断面有 $1m^3/s$，那么除横店污水厂 2.5 万吨水，再加企业冷却水直排 1 万吨计，每天仍有 5.14 万吨干净水，那么污水厂按排放 CODcr 2.5 吨计、冷却水排放浓度为 CODcr50mg/L、NH_3N5mg/L，CODcr

0.5 吨、NH_3N 0.05 吨计，至明德断面 CODcr 浓度只有 39.3mg/L、NH_3N 浓度为 5m^3/s。换句话说，在明德断面 1m^3/s 的水文条件下，CODcr 监测是不会超过 50mg/L 的，NH_3N 刚好 5mg/L，若超过了就说明企业存在漏直排或偷排的可能。

基于上述分析，在丰平两水期，我市南江流域各有关企业只要切实加强治理，真正做到达标排放，是完全能够达到环保目标管理要求的。即使在枯水期，方塘断面达标也有较大的可能，“摘帽”完全可能。关键是企业的局部利益要服从大局要求，尽力提高达标率。

作于 2002 年

构建和谐社会要从基层入手

六中全会描绘的构建和谐社会的美好蓝图，使社会各个层面深受鼓舞，期望多多。然而，人们也希望构建和谐社会不能仅仅成为各级领导的口号性用语，而应该成为全党和各级政府采取切实有效措施的行动，使老百姓在各自的生产和生活中能逐渐感受到这种行动的进展和成效。笔者认为，构建和谐社会必须从基层入手。

改革开放二十几年，我国经济发展成绩巨大，举世瞩目，这是人们非常满意的主流。但是，挣脱旧的制度束缚以后，在建立新秩序方面的进展则不尽如人意。人们在一些层面、一些方面感到不顺心不满意。老百姓虽然不能从理论高度对这些不顺心不满意的问题，分析其属于什么性质、类型，但他们却真真切切地在感受和体验它，从而形成了自己的看法。基层老百姓和一般干部群众认为，当今最缺的是社会公平。

我们从多年在基层工作的角度看，人们感到的社会不公，可以归纳为两个方面。一是法律政策的不公。比如：农村老百姓认为，既然农村土地所有权归集体，为什么在土地使用权上，就只限于农业的支配权，而没有工业、商业的支配权呢？为什么老百姓的土地被政府一转手，就可以卖几十万乃至一两百万元一亩，而农民只得到其中的一两万元呢？再比如：农村搞道路交通建设，总是以老百姓为主要集资对象，为什么建设城市道路市民就不需要出一分钱呢？其次是实际行为的不公平，没有一个人不说干部是人民公仆，是必须为人民服务的。人们经常可以在电视和报纸上看到共产党的模范干部，全都爱民如子，把老百姓的事当作自己的事一样操心。而他们实际接触到的一些干部，却大多并不是这个样子，不少干部态度生硬、作风粗暴。许多领导或领导机关都说，这样的干部是少数，甚至是极少数。但老百姓并不认同这样的判断。

另外，从政府机关层面看，现在各级政府都有一些扶持和优惠政策。这些政策或为了扶持“三农”，或为支持和保障妇女儿童的合法权益，或为支持工业企业和招商引资，或为推动技术进步。因为有了这样的政策，各基层单位或企业为获得支持和扶持，就需要“跑项目”，需要各种攻关。在老百姓看来，为什么不能公开条件，或“对号入座”,或让够条件的单位“摇号中奖”呢?

许多干部原本就是老百姓,但一旦当了干部,不少人就变了脸。而对变了脸的人,老百姓是没有办法的。能用思想教育的办法吗?能,但效果并不好。并且教育干部这个事,老百姓是没有资格的。偶尔也会让几个老百姓作为群众代表,去讲讲自己的希望和要求。但一而再再而三的教育活动,不但没有真正触动那些干部的灵魂,反而提高了他们应付这类教育活动的本领。显然,教育已产生了“疲倦”现象。

虽然老百姓和基层干部、群众没有多少理论上的认识,但他们却深知,当今社会这种现状的根子,在于没有法治,在于老百姓权利缺失。同样道理,如果我们国家机关的各项优惠政策,是建立在公开透明的申请条件和程序上的,且能确保监督制约机构时时刻刻发挥其作用,各地各级还需要“跑项目”吗?

从老百姓的看法中,笔者感到构建和谐社会不但需要理论指导,而且必须从了解基层入手。老百姓认为改革开放政策好,好在可以自由地去赚钱,可以或工或农或商,可以尽情发挥各自的才能;好在思想自由,言论自由,可以讲自己想讲的话。但有些老百姓觉得现在这个社会缺失公平,缺少到位的法治措施。虽然法律一项又一项地制订,但执行总是大打折扣，甚至完全变形走样。以打工者追讨工资为例，为什么会有那么多人为工资纠纷而打人、杀人？说到底，可能是我们政府的法不到位或执法机关的执法不到位。

人们感到缺乏社会公平，办事依靠熟人和关系的这种社会现象的背后，是党和政府在法治努力上的不足，或者可以认为是法律的建立和执行跟不上经济的发展。因此，笔者认为构建和谐社会必须还要在建立和完善法律和法律实施上下功夫、出成效，才能扭转人们对社会的看法。不论是法律制订的不够，还是执法不严，两者都是执政能力不强的表现。现在，要特别强调对基层实情的调查研究，与群众多一点“同呼吸、共命运”。我们在基层工作二十多年，深感了解和掌握基层实情的重要性和必要性。构建和谐社会，固然需要理论工作者做理论研究，但更重要的是要有具体而实在的行动。少一点思路，多一点抓手。

从人与自然的辩证关系看环境保护

一、人与自然的辩证关系及遵循这种辩证关系的重要性

人是自然界演化发展到一定阶段的产物。因此，人与自然客观存在着一种相互依存相互制约的对象性关系。这种对象性关系并不以人的意识为载体而客观存在。比如人必须依靠大自然获得生存的物质需要，也必须以大自然为对象获得正常的精神需求。人类活动若与自然的演化规律严重背离，就要受到大自然的惩罚。社会主义国家因确立了马克思主义的人与自然辩证观，在宏观上避免了资本主义发展初期人与自然的不正常关系，但每个人因其自身原因受世界观、知识经历及能力的局限，一些人也往往在实际工作中没有掌握好马克思主义关于人与自然辩证的关系，以致屡屡做出一些违背自然发展规律的决策。

例如,50年代大办钢铁,把大片的森林砍掉用于烧炭炼铁;70年代的垦荒造田,在倾斜度为35度以上的山坡上大造“大寨田”,结果生态平衡受到严重破坏。一些人出于企业自身经济效益的考虑而我行我素;有的表面上、口头上说重视环境,实际上仍偷排废水废气。如此种种不尊重自然规律的行为,必然给社会带来苦果。我市也有这方面的教训。

化工区于六七十年代定点时,没有重视环境影响的评价,致使处于上风向的化工废气,在八九十年代随着生产规模的扩大,经常飘向我市城区,特别是在气压较低的日子,废气无法扩散而笼罩城区,使市民深受其害。化工区所排废水曾在城市自来水厂的取水口附近,使城区饮用水质一直以来氟离子严重超标,成了一大社会问题。据初步测算,化工区全部搬迁至少需要费用3亿—5亿人民币。目前,一些乡镇、企业的领导在引进项目时,只考虑自己所在区域内能不能保证生产和生活用水,甚至连自己区域内近5年、10年内能不能保证足够的生产和生活用水也不清楚,就盲目引进耗水量大、废水排放量大的化工、制药项目。按照自然辩证法的观点,人类在改造自然的实践中,若不能尊重自然规律,就要受到自然规律的教育和惩罚。因此,作为环保职能部门的工作人员,应意识到自身责任重大，任务艰巨。

二、遵循人与自然的辩证关系，提出生态环境的具体对策

经济要发展，社会要进步。我国从农业社会向工业化社会发展是必然的。保护生态环境，并不是说不要加快工业化发展。相反，我们保护环境的目的在于更好地促进工业化的发展。正所谓“既要金山银山，又要绿水青山”。要确保经济、社会和环境协调发展，我认为要着重抓好以下几个方面：

1. 真正树立经济、社会、环境协调发展的观念。

真正树立协调发展的观念，不但要明确社会生产力和自然生产力的关系，而且要建立新的环境价值观，要改变过去那种“中国地大物博，自然资源取之不尽、用之不竭”的老观念。

真正树立协调发展的观念，把大自然视为人类生存的“和谐的伙伴”，不但需要教育指导，而且要在法律、法规、政策上予以制约。教育引导是启发性的，法律法规政策的制约是强制性的，双管齐下才能奏效。

2. 各级政府对生态环境保护要采取更为切实有效的措施。

在我国，保护生态环境已成为一项基本国策。为保护生态环境，我国先后制订了一系列法律法规，出台了一系列具体政策。这对遏制环境恶化、保护自然资源起了很大的作用。但从我们在基层的工作实践看，环境保护这项国策，还远没有像计划生育那样深入人心。领导的实际重视程度、职能部门的执法情况也没有像抓计划生育工作那样有力度。说的是各级政府总负责，但是到了基层乡镇政府，很大程度上仅仅是签了一份责任书。至于这份责任书执行得如何，各自该负什么责任，则还远未达到有所追究的地步。因此，我认为各级党委、人大，对政府在环境保护问题上进行的检查，不应把注意力集中到环保的具体问题上来，而是应该首先检查政府有没有认真履行保护环境的责任。在此基础上解剖分析并解决具体存在的问题。

政府在制定经济、社会发展目标时，要同时确定保护环境的目标，并且把这个目标及时向人民代表大会报告。只有这样，才能使保护环境的任务从依靠职能部门转变到全党全社会重视上来。

3. 要大力发展环保科技，加快污染治理的技术进步。

人与自然的矛盾，是直接由人类物质生产活动所引起的。它的解决，则有赖于对物质生产的调节。经济要发展，社会要进步，社会生产总是要不断满足日益增长的物质和文化生活需求。要满足这种需求，就难以减少或停止向自然界索取。由此，物质生产的调节只能依靠科技进步，保护生态环境、治理污染也只能依赖科技进步。目前环保产业的发育还处于起步阶段，环保科技进步还有大量的工作要做。例如污染物COD的处理，一是难度较大，二是治理成本较高，致使不少企业力不从心。另外如制药化工的废水处理，难度也比较大。这些都需环保科技工作者在降低成本、简化方法上做出努力。

4. 环境保护职能部门要努力当好政府的参谋，切实履行好自己的职责。

环保职能部门是执行环保法律法规、履行执法检查的主体，也是政府和企业及社会各界做好环境保护的参谋部门。因此，应认真当好参谋，切实履行职责。笔者认为，环保部门当前要十分重视两个问题：

一是要善于协调社会各方关系，最大限度地动员和组织社会各界参与到保护生态环境的工作上来。前面已提到，环保是一项基本国策，这就要求环保部门的干部职工，尤其是领导干部，不但要是一个科技工作者，更要是一个社会工作者，要有较强的组织协调能力，争取各方的理解和支持。

二是要善于研究问题，从众多的环境保护问题中排出轻、重、缓、急，并按不同的时间要求、方法要求，逐个予以解决。国家及上级部门对环保工作的要求，是相对宏观的、普遍性的要求，具体到一个县、一个地区又总是微观的。要善于使不直接从事环保的人（特别是领导者）听了你的汇报后，能感到清楚明白，使他们清楚所做的决策对近期、中期、远期的影响，这样才能促使领导下决心支持、落实相关政策。环保部门的同志既要善于理论研究，又要从理论中走出来，为解决一个个迫切而具体的问题，提出既应该办又能够办好的措施。

总而言之，人与自然的辩证关系需要人类社会理性地遵循、自觉地把握，只有这样，人类才能在大自然的怀抱中更加美好地生活。

作于 1997 年

对基层供销社党组织现状的调查

市供销系统共有 28 个基层党支部，501 名党员，其中基层供销社支部 17 个。到今年 4 月底止，17 个基层社支部全部划归所在区（镇）党委，实行属地管理。近日，我们走访了部分基层企业，从中了解到：

一、基层企业党组织履行保证监督职责的内容和方法，既有相同之处，也有不同之处

比如抓党员教育（包括党的基本路线、方针、政策教育，党员义务权利教育，党性教育，党风党纪教育）、制度建设、组织建设和纪律检查等内容都是相同的。但采取的方法措施却各不相同。如 17 个企业单位党政领导的配备，就有三种形式：(1)党政“一肩挑”的 6 个。采取这种形式的单位一般是主要领导行政业务能力强，对党务工作比较熟悉。(2)党政分设的 6 个。(3)党支部书记或副书记兼任行政副职的 5 个。

从这次重点调查的怀鲁、大联、湖溪、农贸公司等四个单位的情况看，基层企业党组织在履行保障、监督职能方面，主要有以下几种形式：一是紧扣中心工作，强调集体研究、集体决定。怀鲁社由于理事会主任兼任副书记（支持工作，未设书记），另两个副主任则分别是支委，一位兼管监事工作、一位兼管工会工作。由于党、政、工、监四块牌子一套班子，所以他们十分强调一起商量问题。一起商量决定了的事，就等于是四个组织都履行了职责。今年头4个月，该社支部共召开过4次支部大会：1月份年终总结；2月份表彰先进，讨论1989年生产经营计划，增选支委，过民主生活，并讨论建党对象；3月份研究1989年度党支部的工作、监事工作和安全保卫工作；4月份汇报分析一季度生产经营情况。每次支部大会前，该社几位主要领导均进行过集体商量，党务、政务一起研究，有问题一起解决。二是强调相互体谅、相互支持，党政领导不争“你大我小”，开诚布公，及时交换意见、沟通思想，共同为企业的发展献计献策，发奋努力。如大联社，党支部书记兼行政副职，理事会主任是支委。该社党政领导遇事能及时沟通。同时，支部与行政领导在各自的会议上，均以各自的“身份”发表意见，行使职责。如今年1月份落实承包责任制后，支部、工会向全社职工发起了“创文明商店，创物价计量信得过单位”的倡议。一季度全社27个单位中有18个获得贡献奖,同时,推动和促进了业务经营活动。但是,也有一些基层的社支部书记与领导分设,且党、政、监的正副职人员过多,因各人素质不同,导致工作很不协调。

二、保证监督有制度,但过于强调原则不易操作

市社系统基层党组织对制度建设抓得较早。1986年下半年,《中国共产党全民所有制工业企业基层组织工作条例》下发后,市社党委就要求各基层社党支部,参照制订了支部工作条例或实施细则。但从四个被调查单位的情况看,所制订的制度基本上是参照全民企业条例,原则性比较强,不易操作。例如关于社支部要定期听取理事会主任的工作报告,而“定期”并没有明确具体时间间隔,即注明一季一次还是半年或一年一次。因此有些党政交叉兼职的单位认为,反正是“你我他”几个人,有什么问题大家都在一起商量,没有必要再郑重其事地报告。而在党政分设的单位,又因为定期不明确而一拖再拖,甚至根本不报告。一些领导还认为保证监督太具体,有“见外”之嫌。因此,党组织的保证监督作用,从一定程度上说就成了可有可无、可先可后了。支部领导除抓好正常的党课教育和组

织发展等党务工作外，确实只能多想想“保证”，少谈些“监督”。湖溪社党政领导有过一段不协调的经历。其间，行政领导在决策上出现过一些失误，这些失误或是没有经过集体商量，或是虽然商量过但没有采取支部领导和其他领导的不同意见和建议造成。举个例子，去年在蚕茧收购后，行政领导违反专营政策，未经集体商量，擅自做主地将蚕茧卖给了某丝厂。事后，在市社的过问下才得以妥善解决。像此类违反政策的经营活动，在行政领导执行实施的情况下，基层党组织真能做到的，就只能是及时向上级反映。也就是说，在基层党组织目前真正能做到的监督，也只是向上级反映为主。“保证”容易，“监督”难依然存在。

三、主管部门对基层单位的检查、督促需进一步加强

对干部职工违法违纪问题的防范和查处，市社系统是十分重视的。也有健全的机构——监事会，并由监察、审计科、纪检员具体组织实施。他们通过自身的“免疫机制”，及时发现并查处各种违法违纪现象，保证了生产经营的健康进行。通过调查发现，尽管目前基层企业党组织实行属地管理，但对基层单位，特别是一些党政领导中存在的未必是违法违纪的（如职工民主权利，执行政策制度的

严肃性等)问题,尚需主管部门进一步加强检查监督。据了解,湖溪社曾有过这样一件事:年初各商店部门落实经营承包责任时规定(此规定由行政领导起草,经职代会讨论通过),各部门超基数利润奖金分配,经济核算员可享受部门经理奖金的80%,但在年中时,行政领导预计采购站超基数利润较多,感到如经济核算员这样兑现,其他岗位的奖金将难以平衡,于是就更改了这一规定。由于此举未经职代会讨论,党组织领导人曾认为这样改动欠慎重欠妥当,但行政领导还是坚持按修改后的办法执行了。

像这样的问题,到底该怎样处理为好?还有怀鲁社支部与行政一起行文,公布非党员职工处分的做法是否妥当?行政领导怎样"定期"向支部报告工作等,主管部门都应该做出明确解释和规定。

总的来看,市供销社系统基层党组织的保证监督作用如何发挥,与工业企业一样,都存在一些共性问题。最根本的问题是,缺乏具体的、可供实际操作的工作制度。目前,基层企业党组织的保证监督作用发挥有效与否,很大程度上还是取决于班子结构的合理与否和其成员的个人素质高低。

作于1989年6月

把团的工作作为党委工作的分内事

——明德乡团建工作调查

近年来，随着农村改革的深入和商品经济的发展，既给农村团的工作注入了新的活力，也给农村团的工作带来了新的问题。受商品经济浪潮的冲击，大量农村团员青年外出务工经商，致使团组织的战斗力和凝聚力下降，进而使原有的团的政治上的助手作用弱化，团组织在农村工作中的突击队作用逐渐消失，不少农村团组织建设陷入了“瘫痪—整顿—再瘫痪”的怪圈。明德乡外出团员的比例较高，全乡 284 名团员中，常年外出的有 150 人左右，约占团员总数的 52%，然而，该乡团的工作却以组织健全、制度完善、活动正常、凝聚力强而活跃于乡村，并形成了鲜明的特色：

一是团的组织健全，活动正常。该乡共有 20 个农村团支部，其中一类团支部 7 个，二类团支部 13 个。农村团支部的主要领导绝大多数都在家，20名团支部书记中，常年在家的有19人。另一个支书外出的团支部，其团的工作由一名在家的副书记主持，活动也比较正常。由于全乡的团组织工作有一个良好的氛围，农村团员的组织意识普遍较强。广大团员严格要求自己，遵纪守法，有较强的责任感和荣誉感。近年来，全乡280余名团员无一违章建房和严重违反计划生育的情况发生，并涌现出了很多感人的事例。比如中信、柏塔等村团支部组织的几次修路、植树、挑塘泥、修水库等义务劳动，许多外出团员的父母、兄弟、姐妹都来代工。据中信村不完全统计，仅今年代工就达16人次。外出团员的父母兄弟姐妹为什么要来代工？原因是这些团员外出时给家人留了话："凡是团支部组织的义务劳动一定要代我参加。"团员的责任感和荣誉感由此可见一斑。

二是政治上的助手作用和农村中心工作中的突击队作用发挥较好。该乡团组织积极参与农村中心工作，配合做好社教、征兵、计划生育、维护社会治安等工作。真正起到了党的助手作用。如今年农村社教，乡团委和各村团支部不仅承担了包写包贴标语、包写黑板报的任务，还组织文艺宣传队自编了24个节目到各村演出。此外，还确定以清淤拓深"五一"支渠为"青字号工程"，积极参加治山治水和农业综合开发。“青字号工程”长 5 公里，受益农田 2000 余亩，是该乡中信村等 11 个村的主要灌水工程，全乡组织了 300 多名团员青年参加劳动。该乡有一支在乡党委领导下的团员青年突击队，由离乡政府不远的官桥、柏塔、仁棠等三个村的 30 位团员青年组成。遇有抗灾、抢险等重大事件时，由乡党委召集并组织开展活动。今年乡党委组织该青年突击队开展了两次较大规模的活动：一次是拆除重点钉子户的违章建筑，计 200 多平方米；另一次是在南江治理工程中拆除金宅村长 35 米、高 5.6 米的砌石沙塍和石坝等障碍物。除了乡里的突击队，白塔、北宅、麻店、中信、官桥等 5 个村也分别组织了团员青年突击队。今年仅中信村青年突击队参与巡夜等大的活动就达 20 次。

明德乡农村团的工作为什么能保持良好的态势？其关键就在于乡党委重视团的工作，把团的工作作为党委工作的分内事来抓。用党委领导人的话说是，重视团的工作，实质上就是重视党委的工作。明德乡党委抓团建的主要做法是：

1. 理清团建工作思路。该乡党委纠正党委对团工作只是发发文件、落实一些经费的片面认识，理清思路。由于重视团建工作，形成了重视、支持、关心团的工作的社会环境。为了理清团建工作思路，乡党委定期研究团的工作，每年至少在四次以上。即五四前一次，冬训前一次，社教前一次，春节前一次。为了摸清团情，使工作更有针对性，更加切合实际地解决问题，乡党委还定期听取团委的工作汇报，及时了解共青团工作情况，进行具体可行的指导。该乡的团工作思路是："选好支书，分配任务，确立位置。"乡团委在党委的领导下，着力做好具体的指导，为了搞好全乡的团工作，今年以来全乡性的团专门会议已召开16次。

2. 选配好农村团支部书记。在确保政治素质的前提下，根据"一强二轻三高"的标准，乡党委和乡团委认真做好农村团支部书记的选配工作。乡党委还认真分析了近年外出团员较多，特别是团支部书记外出，往往造成整个村团支部瘫痪的问题。决定在支部班子的配备上，突出强调一定要由在家的支委担任团支部书记，从而保证了农村团支部书记的质量和在家率。据统计，在20名农村团支部书记中，25岁以下的有19名；从学历看，有大学生1名，高中生15名，初中生4名；其中党员4名。为了提高农村团支部书记的工作能力，乡党委还认真做好对他们的培训工作，先后进行了多期培训，组织学习团建理论和青年工作方法，取得了较好的效果。

3.经常给团组织压担子。为了培养锻炼团员青年，特别是为了提高团组织在农村的地位，乡党委还经常给团组织压担子，向团委和团支部布置中心工作任务。如在今年的社教工作中，乡党委就将组织社教文宣队和各村的宣传任务布置给乡团委。社教期间，乡团委共抽调了15个村的45位团员青年组织文艺会演，并组成社教文宣队，到各村巡回演出11场，观看群众达6000多人，收到了很好的宣传效果。又如乡党委决定从1990年起，每年春节组织全乡大型文艺联欢会，并将这一任务落实到乡团委。乡团委接受任务后进行了认真的组织工作，并将任务分解到各村团支部，规定每个支部至少要有两个节目，并设组织奖。在1991年春节联欢会上，20个农村团支部中有19个支部参加了节目演出。此外，乡党委还要求村党支部向团支部压担子，从而促进了团支部参与农村中心工作，如配合做好计划生育宣传月和冬季征兵等工作，今年10月份，团支部书记和一位团支委会同妇女干部，上门做好计划生育宣传工作。在冬季征兵工作中，该村团支部积极做好配合工作，完成了全村102名适龄青年共计3060元兵役费的收缴工作。由于有团的配合和参与，今年全乡1.36万元兵役费在11月6日一天内收齐。今年1至11月，中信村团支部配合参与征收定购粮、收缴大田承包款和夜巡等达20

次。1988 年 12 月，北宅村团支部牵头集资设立了教育进步奖，用筹款利息奖励学习进步的中小学生和升入初高中及大中专的学生，在团支部每年正月初一举办的联欢会上发奖。自 1989 年以来，全村已有数十名中小学生获奖。收到了群众的好评，并促进了村里好学上进风尚的形成。据统计，该村 1989 年以来，考进大中专院校的已有 7 人，其中大专 2 人。

4. 注意提高团的政治地位。为了提高团组织的政治地位，该乡党委在近年采取了一系列措施：一是在每年年终表彰大会上，将先进团支部和优秀团员列为表彰对象，与先进党支部和优秀党员实行同一奖励标准。二是对团支部书记列席支部会和村委会会议提出要求，并规定凡是乡里召开村党支部和村委会议，团支部书记要一同参加。三是要求乡村团组织认真做好团组织向党组织推荐优秀团员入党的推优工作。据统计，近年来，该乡发展的 35 名党员中，曾加入团组织的有 24 人，占新党员总数的 68.6%，其中，团支部书记入党的有 8 人。现在全乡 38 名建党积极分子中，有团员 15 名，因年龄离团的青年有 14 人，两项合计占总数的 76.3%。通过这些措施，在一定程度上提高了农村团支部的地位。目前，该乡各村团支部书记列席支部会、村委会的规定普遍得到了执行。中信村党支部在过民主生活会时，还要求村团支委参加。

明德乡的团工作给我们的几点启示是：

1. 党委要把团建工作作为分内的事抓。从当前农村团建情况看，一些乡镇党委对团的工作不够重视，相当一些乡镇只停留在理论的重视或道义的支持上，而不是将团的工作作为党委的分内事来抓。我们应看到，农村许多工作的开展，仅靠党支部本身的力量是不够的，只有发挥了团的力量，才能减轻压力，增强党支部的力量。因此，乡镇党委一定要抓好团的建设，真正发挥共青团的助手作用。

2. 要以农村党建促团建。从调查情况看，共青团工作开展得卓有成效的团支部，其工作都得到了村党支部的大力支持。因此，乡镇党委要十分重视以农村党建促农村团建工作。首先，要从发挥团的政治上的助手作用和农村工作的突击队作用的高度考虑问题，在乡镇党委重视的基础上，带动和促进农村党支部重视团的工作，选配好村级团干部，帮助团支部健全组织；要注重在优秀团员中发展党员。其次，要落实村团支部书记列席支部会、村委会的制度，即村团支部书记未选入村级领导班子的，他们中是党员的可列席支委会，不是党员的可列席村委会。

3. 要认真选配好农村团支部书记。从明德乡的团建情况看，团组织健全的关键，就在于选好团支部书记，并保证团支部书记的在家率。因此，各地在坚持标准的前提下，一定要做到团支部书记由在家的团支委担任。从实践情况看，这是有效克服农村团支部工作瘫痪的最好办法。

4. 各级党组织要善于向团组织压担子。党在农村的各项工作任务的落实，不管是物质文明建设，还是精神文明建设，都需要农村青年这支队伍发挥作用。该乡的经验告诉我们，党委要善于压担子，通过压担子促进团组织参与农村的各项中心工作，并通过各项工作的开展，提高共青团的地位，真正发挥出共青团的助手作用。

作于 1991 年 12 月

新材料企业“高能耗”是误解

新材料是国家七大战略性的新兴产业之一，新材料广泛应用于国民经济和国防建设之中。它对于支撑战略性产业发展，促进传统产业的转型升级，保障国家安全和重大工程建设等都有举足轻重的作用。高性能纤维，如碳纤维、芳纶、玄武岩纤维、高性能玻璃纤维等，均属国家“十二五”重点鼓励、扶持的新材料。高性能纤维在航天航空领域可用于火箭、导弹、飞机等的制造上，也可用于作战装甲车、海军舰船上。

正因为高性能纤维有如此重要的作用且又能广泛应用，发达国家长期对发展中国家进行技术、贸易垄断和封锁。由于对新材料生产的特性了解甚少，不少人和生产企业在对新材料的研究上，都容易产生一些误解。比如不少人就认为，新材料必然太贵，生产新材料能耗必然太高等。

新材料售价高易理解，因为生产难度大、成本高。但判断一个产品能耗高低，我们必须了解几个概念：一是单位能耗，如吨产品能耗、万元产值或万元增加值能耗。能耗又分电耗、煤耗。二是综合能耗。我们通常用综合能耗吨标煤去表述能耗的高低。即把生产单位产品的电耗、煤耗、油耗全部以一种能耗来比较分析。

序号	产品	能耗
1	玄武岩纤维无捻粗砂(吨)	6110 千瓦时
2	高强玻璃纤维(吨)	5000 千瓦时
3	碳纤维(吨)	132900 千瓦时
4	钢(吨)	6530 千瓦时
5	铜(吨)	24510 千瓦时
6	铝(吨)	58850 千瓦时

表中玄武岩纤维无捻粗砂生产的吨产品能耗，是以200孔漏板技术、年产量2000吨规模为前提条件的。若以现已基本掌握的400孔漏板技术或800孔漏板技术来衡量，能耗则要低很多。从上表可以看出，玄武岩纤维无捻粗砂的能耗，与高强玻璃纤维接近，是碳纤维的4.6%。与炼一吨钢所需能耗接近，比炼铜、铝要省很多。

玄武岩纤维的生产工艺非常简单，将轧碎的天然玄武岩石料直接投入电熔炉熔化，然后进行拉丝作业即可。1吨石料采购费55元，从产地拉到东阳运费284.6元，合计

339.6 元，200 孔漏板技术拉成的丝平均售价 25000 元。吨产品耗电 6110 千瓦时，按每千瓦时电费 0.76 元计，每吨产品电费 4643.6 元，从 339.6 元一吨原料加工 0.863 吨丝计算，生产 1 吨丝的原料成本 393.53 元，综合生产成本 17000 元，每一吨丝的增加值为 8000 元，每 1 元能耗的增加值为 1.7228 元。三是行业能耗。判断一个产品的能耗高低，首先要在行业内比，再与不同行业比。比如，把石头拉成丝属非金属矿物制品业。《金华市 2009 年能源利用状况白皮书》显示，从 2009 年全市规模以上工业中非金属矿物制品业平均来看，万元产值能耗 1.6387 吨标煤，万元增加值能耗约 6.9732 吨标煤。

让我们来分析一下不少市民非常熟悉的磁钢生产的综合能耗。磁钢以铁磷加碳酸钡或碳酸锶为原料，先做成磁料，中低档为钡料，高档为锶料。生产磁料时除了用电外，有的用煤，有的用重油。经测算，可用下表进行比较。

单位能耗	玄武岩纤维	非金属矿物制品业（平均）	磁钢
吨产品能耗（吨标煤）	1.9858	/	0.8125
万元产值能耗（吨标煤）	0.6037	1.6387	0.8125
万元增加值能耗（吨标煤）	2.4820	6.9732	2.8080

由此看来，玄武岩纤维生产的综合能耗，比磁钢生产的平均综合能耗要低一些，万元产值能耗为磁钢的

74.31%,万元增加值能耗为磁钢的88.39%左右。随着玄武岩纤维生产新技术的应用,其能耗还将会更低。

作于2011年10月

认清经济发展实情，增强服务经济紧迫感

与全国、全省大形势一样，我市经济发展状况总体良好。但是，我们仍需要看到问题和不足，增强发展的危机感和忧患意识，增强服务经济的紧迫感。

以全市行业龙头企业、小型巨人企业和朝阳企业为例，据经贸部门提供的数据：2004 年全市 65 家企业完成销售额 99.3813 亿元，同比增 23%，但上缴税金 4.1268 亿元，同比仅增 11.3%；65 家企业中，2004 年比 2003 年上缴税收增长的仅 38 家；有 27 家企业同比下降，下降总税金 2399.7 万元，平均每个企业下降 88.87 万元，其中有 18 家企业降幅达 20%以上。

从全市看，规模以上企业报表产值增加 18.2%，比全国工业增加值平均增幅 18.3%还低 0.1 个百分点，比全国规模以上工业增加值 22%低 3.8 个百分点。2004 年全市

规模以上企业税金及附加增幅为15.5%，全市国税增值税增幅仅为10.09%，而全国规模以上工业增值税同比增长21.6%。

我市是发展较快的百强县，在全国工业较快增长的形势下，产值、销售、税金整体都出现低于全国平均值的状况，这难道不值得深思和研究吗？

笔者认为，东阳发展必须正视存在的问题，必须认清实情，要从方方面面真正树立起服务企业、服务经济的紧迫感！

作于2005年3月

“左手”不相信“右手”的西庄人

西庄是东阳市邻近义乌的一个村，只有 330 户农户 938 个村民，由于地处东阳市郊，又紧邻小商品市场发达的义乌，所以西庄村的农民很早就有经商办企业的。经商的到义乌摆摊，办厂的主要是生产针织品销往义乌市场，开始几乎是家家户户搞，主要是内衣内裤，因此，西庄 1993 年成了金华地区第一个亿元村。为了引导亿元村经营者改变分散经营、低价互相竞争的状况，1994 年 3 月，我与综合科张则鸣同志一起在西庄搞了几天调研，走访了不少村干部和经营户，希望他们走向协作和联合，以获得更多经营收益。调查后我们却十分困惑：他们并不喜欢联合，也不相信谁能承担带领别人的责任。用村干部张锦秀的话说：“西庄人就连自己的‘左手’都不相信‘右手’，宁可自己赚 3 万，也不愿跟在别人的后面赚 5 万。”在当时，我们和村干部都认为这是农民们狭隘的小农经济意识的影响，另外可能受东阳人“和或搏牛不如独个打狗”传统思想的影响。

十年后的今天回头看这件事，我的看法就有了很大变化，其实观念错误的或许是我们。希望他们协作和联合，以获得更多的经营收益，愿望固然良好，也较为理想，但事实上任何事都有其自身的规律性和阶段性。第一，由于党的改革开放政策的实施，农民那时刚刚获得可以离开土地自主经营其他行业的权利，又适逢邓小平同志南方谈话后掀起的新一轮解放思想、加快发展的机遇，这对受计划经济束缚和以生产队为基础没有生产能力自由支配的农民来说实在是无法同意的选择，虽然他们看到协作的好处，但他们内心深处更怕的可能是失去“自由”，会再次处于受人支配的地位。

第二，自主经营的风险虽有，但协作经营的收入如何保障倒真的也是一个问题。不要说十年前，就是市场经济体制基本确立的今天，法律政策层面上的履约问题依然不少，更何况在执法和政策实施中的诚信尚未建立，因此，精明的农民们是不会在可能会带来好处但在他看来连三分把握都还没有的时候就同意联合。

第三，政策放开允许各显神通的条件，谁肯轻易承认我比你差一些，需要以你为龙头，我当牛尾？所以心中的不服气、不服输促使他们还要让自己再试一试本事，看看明年或后年能不能比你赚得更多。

第四，从经济学的角度看，任何一个人行为的选择都可能追求利益的最大化。农民是现实的，也是有头脑的，他们不选择协作的主要原因还是经济利益最大化。事实上希望他们在条件尚未成熟的阶段去联合或协作，可能出现既合作不成功又失去自由经营的能力和渠道。我及我的同事，以及许许多多寄希望他们在那个时候就联合的想法都是“书生意气”。

今天的西庄虽然名气没有十年前那么大了，但西庄的经济却是更红火了，工业产值已超过 2.2 亿元，由于东阳城区的扩大，西庄已是都市里的村庄了，而且也根本不是村庄，农民住上了比城里还要宽畅的“洋房”，一般是每户有天有地的三间房，人均住房面积 100 多平方米。西庄的工业也远不是当年搞点针织那么单一了，不但有针织企业，还有五金、机械及其他门类制造业。金从杰在西庄实现亿元村时仅有 100 万元的一个小工厂，如今(除了本村的高档印刷厂超 1000 万元外)在本市的歌山镇办有总投资 1000 多万元、年销售额 5000 多万元的工厂。龚淑娟这个参加过 1995 年北京世界妇女大会的女能人，如今依然光彩照人，不但企业办得红红火火，而且仍然担任着居委会支部书记的职务，为他们的老百姓服务着。

作于 2004 年 5 月

转变观念与改变现实

许多人说，贫穷落后的地区要改变现状，首先要转变观念、解放思想。笔者则认为，这对少数负有主要责任的领导来说是对的，因为对这些领导而言，他们有国家保证的薪水，可以出外考察增加阅历，可以解放思想，就他们而言，他们的“存在”至少是不愁吃穿的，因此对他们讲要转变观念，树立正确的观念、理念，学习先进地区的做法带动别人解放思想是对的。而如果这话对广大一般干部和群众来说则是错的。因为对绝大多数人来说，他们的“存在”不改变，他们的“意识”就无法改变。他们不会主动地在现实存在没有改变前解放思想，这应该是常识。讨论这一问题，是因为本人有感受特别深刻的实例。

四十多年前，我的父亲是横店公社任湖田村的党支部委员和第四生产队队长。那时我十六七岁，正在读高中，当时我们村里有两个青年代表，都在争取入党，一位是村团支部书记，他在粮食加工厂给农民碾米，另一位在村副业队任队长，他也是村民兵连连长，我的父亲负责联系任民兵连连长和副业队队长的这位青年。由于这位青年在一个自然村中居住，每天到他负责排工的大会堂门口派工约有一公里路，该青年的父亲在外地有正式工作，有工资性收入，这在当时属条件较好的农户，他就骑了一辆六成新的自行车到村里派工，然后回家吃了早饭才与大伙一起出工。就因为骑车派工，我父亲就专门把他叫到家里教育了一番，认为这样不符合艰苦朴素的要求，会让群众印象不好，要求他走路从家中来，当时我也深以为正确。事隔五六年，我的父亲也已到公社麻袋厂搞工副业了，那时我刚好上大学，母亲也因为积劳成疾生胃癌过世。家里还有我的妹妹和两个未成年的弟弟。在我暑假回来时，我惊奇地发现我的父亲有时也到镇上吃花钱的早餐——豆浆、油条。当时我就与妹妹探讨：如果哥哥我不在家吃泡饭，而到镇上吃早餐，那样会怎么样？我们一致认为大家会大骂我“上了大学一年土、二年洋、三年将忘爹和娘”，必然会对我进行艰苦奋斗的教育，当时与妹妹弟弟讨论了一下就过了。而今看来，父亲的变化实在是一件深含哲理、很值得讨论一番的事。父亲自己会到镇上吃早餐，第一是有需要，人是铁、饭是钢，父亲要承担家庭重任，又不想让孩子们太苦，不想让孩子天天早起为他做早饭。那时我母亲刚刚过世，对我父亲来说，让我妹料理家务是心存愧疚的，因为母亲一死，我妹是家中唯一的女人，她放弃了上高中的机会(已接到入学通知书)，承担了烧饭洗衣还要参加生产队劳动挣工分的重担。其二，到镇上吃早饭有了经济上的可能。虽然当时父亲到镇上厂里工作，仍是挣工分，但毕竟每月有几元钱的补贴，一顿早餐只是几分钱。其三，父亲已人到中年，不需要争取入党入团，没有表现如何、别人印象会怎样的“压力”，所以对于我父亲的“存在”而言就绝不像他的培养联系对象那样需要更多的“觉悟”。由于“存在”变了，我父亲到镇上吃早餐就已是十分自然的意识了。同理，如果我的父亲仍在当他的生产队长，如果我这个原本是农民的人只有到了镇里吃豆浆油条才吃得下早餐，那么在他看来，这个儿子实实在在已不是他农民群体中原本的儿子，儿子若有那么一种“意识”与他的存在就实在是不可接受的了。当然，若读了多年书，毕了业挣了工资，那么无论是我的父亲或其他农民就必然认为到镇上吃早餐也是已成为国家工作人员理所应当的行为了。

做上述分析和推理，无非是说明一个再简单不过的道理——“存在决定意识”。这个常识性的问题在现实生活中为什么会变得不那么“常识”？这是因为共产党执政以来，不少干部总是肩负着教导别人的重任，久而久之成了习惯，甚至出现了话语霸权，好像真理总是在干部，尤其是领导干部手中，而老百姓总是需要别人教育似的。一些地方经济发展不快，社会进步缓慢，有的人就会说这是人们的思想观念不转变的缘故。如此一来，领导们又居于总是正确的位置了，经济体制机制的问题，乃至于自己麻木不仁或决策失误都不必要研究探讨和反思了。

作于 2004 年 5 月